www.ingramcontent.com/pod-product-compliance
Lightning Source LLC
Chambersburg PA
CBHW081002140626
46546CB00018B/2959
* 9 7 8 1 9 5 9 7 0 4 1 3 3 *

دل‌هایمان احیا کن

ابیجایل

و زندگی با افراد دشوار و بدقلق

مطالعه‌ای بر اساس تعلیمات
نانسی دیماس وُلگموت

مترجم: سابرینا اصلان

Abigail
Third edition, 2022

By Nancy DeMoss Wolgemuth

Published by Revive Our Hearts
P.O. Box 2000, Niles, MI 49120

www.ReviveOurHearts.com

Farsi Translator: Sabrina Aslan
Farsi Publisher: Fact Ministries, Inc.
P.O. Box 53507, San Jose, CA 95153
www.factministries.org

ISBN: 978-1-959704-13-3

مطالعهٔ ابیجایل

نویسنده: نانسی دیماس وُلگموت
مترجم: سابرینا اصلان

صفحه پرداز: مارال کارایی
ناشر فارسی: «راستی» ـ موسسهٔ آموزش کتاب‌مقدس
www.delhayemanehiakon.org
شابک: ۹۷۸۱۹۵۹۷۰٤۱۳۳

درخلال مطالعه‌ای که پیش رو دارید، به این صفحه مراجعه کرده و همزمان با رنگ کردن تصویر زیر، بر کلام خدا تعمق کنید تا دریابید چگونه داستان «ابیجایل» به شما امید واقعی می‌بخشد.

زیرا
آنچه که در گذشته
نوشته شده است،
برای تعلیم ما بوده
تا با پایداری و آن دلگرمی
که کتب مقدس می‌بخشد،
امید داشته باشیم.
رومیان ۱۵ : ۴

فهرست مطالب

داستان اَبیجایِل

بر اساس کتاب اول سموئیل فصل ۲۵

سموئیل چشم از جهان فرو بست

۱ و سموئیل چشم از جهان فرو بست. پس
تمامی اسرائیل گرد آمده، برایش ماتم
گرفتند، و او را در خانه‌اش در رامَه به خاک
سپردند.
آنگاه داوود برخاسته، به بیابان فاران فرود
آمد. ۲ در مَعون مردی می‌زیست که کسب
و کارش در کَرمِل بود. او بسیار دولتمند بود و
سه هزار گوسفند و هزار بُز داشت. آن مرد
در کَرمِل به پشم‌چینی گوسفندانش مشغول
بود. ۳ نام او نابال بود و نام زنش اَبیجایِل.
اَبیجایِل زنی فهمیده و زیبا بود، اما شوهرش
که از خاندان کالیب بود، مردی بود تندخو
و بد رفتار. ۴ داوود در بیابان شنید که نابال
به پشم‌چینی‌گوسفندان خویش مشغول
است. ۵ پس ده مرد جوان با این دستور
روانه کرد: «به کَرمِل برآیید و نزد نابال
رفته، از جانب من برای او سلامتی بطلبید.
۶ به او بگویید: "عمرت دراز باد! سلامتی بر
تو، بر خاندان تو و بر تمامی اموالت باد!
۷ شنیده‌ام که زمان پشم‌چینی است. زمانی
که چوپانان تو نزد ما بودند، با ایشان
بد رفتاری نکردیم، و در تمام مدتی که در
کَرمِل به سر می‌بردند، از اموالشان چیزی
گُم نشد. ۸ از خادمان خود بپرس و تو را

خواهند گفت. پس حال که در روز عید نزدت آمده‌ایم، بر خادمان من نظر لطف افکن و مرحمت فرموده، هر چه دم دست داری به خدمتگزارانت و به پسرت داوود عطا فرما.» ۹ پس چون خادمان داوود رسیدند، تمامی این سخنان را به نام داوود به نابال بازگفتند و سپس منتظر ماندند. ۱۰ نابال به خادمان داوود گفت: «داوود کیست و پسر یَسا چه کسی است؟ این روزها چه بسیارند خادمانی که از نزد سروران خویش می‌گریزند! ۱۱ آیا باید نان و آبِ خود و گوشتی را که برای پشم‌چینانم ذبح کرده‌ام گرفته، به کسانی بدهم که نمی‌دانم از کجا آمده‌اند؟» ۱۲ پس خادمان داوود بازگشته، تمامی این سخنان را به وی بازگفتند. ۱۳ آنگاه داوود به مردان خود گفت: «همگی شمشیرهایتان را ببرندید!» پس آنان شمشیرهایشان را بربستند و داوود نیز شمشیر خود را بربست. در حدود چهارصد مرد از پی داوود رفتند، و دویست تن نیز نزد اسبابها ماندند. ۱۴ اما یکی از خادمان به اَبیجایِل، همسر نابال گفت: «اینک داوود قاصدانی از بیابان فرستاد تا به سرورمان سلام رسانند، اما او بدیشان اهانت کرد. ۱۵ حال آنکه آن مردان به ما احسان فراوان کردند. هیچ آزاری به ما نرساندند و در تمامی روزهایی که در صحرا در کنار آنان آمد و شد می‌کردیم، از اموالمان چیزی گم نشد. ۱۶ آنان در تمام مدتی که در کنارشان از گوسفندان مراقبت می‌کردیم، شب و روز برای ما همچون حصار بودند. ۱۷ پس حال تدبیر کرده، ببین چه می‌توانی کرد، زیرا مصیبت بر سرور ما و بر همهٔ خاندانش مقدر است، و خود او چنان فرومایه است که نمی‌توان با او سخن گفت.» ۱۸ پس اَبیجایِل بی‌درنگ دویست قُرص نان، دو مَشک شراب، پنج گوسفندِ از پیش آماده، پنج پیمانه غلهٔ برشته شده، یکصد قرص کشمش فشرده و دویست قرص انجیرِ فشرده برگرفته، آنها را بر چند الاغ گذاشت. ۱۹ و به خادمان خود گفت: «شما پیشاپیش من بروید و اینک من از پی‌تان خواهم آمد.» اما در این باره به شوهر خود نابال چیزی نگفت. ۲۰ همچنانکه اَبیجایِل سوار بر الاغ از پیچ و خم‌های کوه که دیده نمی‌شد پایین می‌آمد، داوود و مردانش نیز به جانب او از کوه پایین می‌آمدند، و اَبیجایِل بدیشان برخورد. ۲۱ داوود پیشتر گفته بود: «براستی که بیهوده در بیابان از تمامی مایملک این مرد مراقبت کردم، چنانکه از تمامی اموالش چیزی گُم نشد. حال او در ازای نیکویی بر

من بدی روا می‌دارد. ۲۲ خدا داوود را سخت مجازات کند اگر تا بامداد از همهٔ آنان که به نابال تعلق دارند، ذکوری زنده بگذارم!» ۲۳ اَبیجایِل با دیدن داوود به شتاب از الاغ پایین آمده، در برابر او به رویْ بر زمین افتاد و تعظیم کرد. ۲۴ او نزد پاهای داوود افتاد و گفت: «سرورم، بگذار تقصیر این کار تنها بر گردن من باشد. تمنا دارم رخصت دهی کنیزت با تو سخن گوید، و به آنچه کنیزت می‌گوید، گوش فرا ده. ۲۵ سرورم، به این نابالِ فرومایه اعتنا مکن، زیرا او چنانکه از اسمش پیداست، ابله است. نام او نابال است و حماقت با اوست. اما من، کنیزت، مردان جوانی را که سرورم فرستاده بود، ندیدم.» ۲۶ حال ای سرورم، به حیات خداوند و به جان تو سوگند، از آنجا که خداوند تو را از خونریزی بازداشته و نگذاشته به دست خود انتقام بگیری، باشد که دشمنانت و آنانی که قصد آزار سرورم دارند، مانندِ نابال گردند. ۲۷ حال بگذار این هدیه که کنیزت برای سرورِ خود آورده است، به مردان جوانی که همراه سرورم هستند، داده شود. ۲۸ تمنا دارم نافرمانی کنیزت را عفو فرمایی، زیرا خداوند به یقین خاندان سرورم را پایدار خواهد ساخت چرا که او در جنگهای خداوند می‌جنگد، و مادام که در قید حیات هستی بدی در تو یافت نخواهد شد. ۲۹ اگر کسی به قصد جانت برخیزد و تو را تعقیب کند، همانا جان سرورم پیچیده در قنداقهٔ حیات نزد یهوه خدایت محفوظ خواهد بود، اما او جان دشمنانت را بسان سنگی که از میان فلاخُن پرتاب شود، به دور خواهد افکند. ۳۰ آنگاه که خداوند تمام احسانهایی را که در مورد سرورم بیان داشته، به انجام رسانَد و تو را رهبر اسرائیل گردانَد، ۳۱ سرورم از آن رو که خون کسی را بی‌جهت ریخته یا خود در صدد انتقام برآمده، سببی برای اندوه یا عذابِ وجدان نخواهد داشت. و چون خداوند بر سرورم احسان کند، آنگاه کنیز خود را به یاد آور.» ۳۲ داوود به اَبیجایِل گفت: «متبارک باد یهوه، خدای اسرائیل که امروز تو را به ملاقات من فرستاد. ۳۳ و حکمتِ تو و خودت نیز مبارک باشی، زیرا که امروز مرا از خون‌ریزی و از انتقام ستاندن به دست خویش بازداشتی. ۳۴ زیرا به حیات یهوه خدای اسرائیل که نگذاشت آزاری به تو برسانم سوگند، اگر به دیدارم نمی‌شتافتی براستی که تا سپیده دم حتی یکی از مردان نابال برایش زنده نمی‌ماند.» ۳۵ آنگاه داوود آنچه را اَبیجایِل برایش آورده

بود، از دست او پذیرفت و بدو گفت: «به
سلامت به خانه‌ات بازگرد. بدان که سخنت
را شنیدم و درخواستت را پذیرفتم.» ۳۶ چون
اَبیجایِل نزد نابال رفت، او ضیافتی شاهانه
در خانه برپا کرده و از فرط مستی سرخوش
بود. پس تا طلوع آفتاب چیزی در این باره
به او نگفت. ۳۷ بامدادان که مستی از سرِ
نابال پرید، زنش این امور را بدو باز گفت.
ناگاه دل نابال در اندرونش باز ایستاد و
خودش همچون تکه سنگی شد. ۳۸ نزدیک
به ده روز بعد، خداوند نابال را بزد و او مُرد.
۳۹ داوود چون شنید نابال مُرده است، گفت:
«متبارک باد خداوند که در برابر توهینی
که از دست نابال به من رسید، از حق من
دفاع کرد و خدمتگزار خود را از خطا برحذر
داشت. خداوند شرارت نابال را به سر خود
او بازگردانده است.» آنگاه داوود برای اَبیجایِل
پیغام فرستاد، تا او را برای خود به همسری
بگیرد. ۴۰ خادمان داوود به کَرمِل آمدند و به
اَبیجایِل گفتند: «داوود ما را نزدت فرستاده
تا تو را برایش به زنی بگیریم.» ۴۱ پس
اَبیجایِل برخاسته، روی بر زمین نهاد و گفت:
«اینک کنیزت خادمی است آماده برای
شستن پاهای خدمتگزاران سرورم.» ۴۲ سپس
بی‌درنگ برخاست و بر الاغی نشسته، همراه
با پنج تن از کنیزان خود از پی قاصدان
داوود روانه شد و به همسری او درآمد. ۴۳
داوود اَخینوعَمِ یِزرِعیلی را نیز گرفت و هر دوی
ایشان همسران وی شدند. ۴۴ و اما شائول
دختر خود میکال، زن داوود را به فَلْطی پسر
لایِش از اهالی جَلّیم داده بود.

مقدمه

چگونگی استفاده از این کتاب

بسیاری از نامه‌ها و پیام‌هایی که موسسهٔ «دل‌هایمان احیا کن» دریافت می‌کند توسط زنانی نوشته شده‌اند که احساس می‌کنند گرفتار شرایط دشواری شده‌اند که خلاصی از آنها غیرممکن بنظر می‌رسد.

برخی از این شرایط دشوار در ارتباط با زندگی زناشویی و ازدواج آنهاست. آنها با مردی ازدواج کرده‌اند که از نقطه نظر انسانی، عشق ورزیدن به او امری است کاملاً غیر ممکن! در سایر موارد، این شرایط دشوار در ارتباط با محیط شغلی است: رئیس و یا همکاری را که نمی‌توان خشنود ساخت. این شرایط دشوار حتی می‌تواند در رابطه با شخصی در کلیسا باشد که نمی‌توان با او کنار آمد.

احتمالاً این افراد بد خُلق و بدقلق در خانوادهٔ شما، در محیط شغلی شما، در کلیسای شما، و یا در همسایگی شما نیز وجود دارند. اما پرسش این است که ما چگونه می‌توانیم در کنار این نوع اشخاص زندگی کرده و با آنها کنار آییم؟ چگونه در برخورد با فردی که [بر حسب تعریف کتاب‌مقدس] خدانشناس و نادان است می‌توان واکنشی حکیمانه نشان داد؟

فصل ۲۵ از کتاب اول سموئیل داستان حیرت انگیز زن خارق‌العاده‌ای به نام ابیجایل را بیان می‌کند که در برخورد با افراد دشوار و بدقلق واکنشش با فیض و ایمان بود. او به مانند برخی از زنان کتاب‌مقدس چون مریم مادر عیسی، سارا همسر ابراهیم، و یا دبورا شناخته شده نیست. اما زندگی این زنِ نمونه بسیار آموزنده است.

در خلال مطالعهٔ زندگی ابیجایل، ما با دو شخصیت دیگر نیز روبرو

خواهیم شد. در هر مرحله‌ای که از زندگی خود باشید، با مقایسهٔ رفتار خود با واکنش هر یک از این سه شخصیت، شاید دریابید که گاهی اوقات رفتارهای شما در قالب یکی از این سه شخصیت جلوه‌گر می‌شود. بنابراین با بررسی هر یک از این نمونه‌ها، تلاش کنید تا آنچه را خدا می‌خواهد به شخص شما تعلیم دهد بیاموزید.

پیشنهادات سازنده برای مطالعهٔ این کتاب

در این مطالعه از خود بپرسید:

- داستان ابیجایل چه چیزی دربارهٔ قلب خدا، راه‌های خدا، و شخصیت خدا به من می‌آموزد؟
- چگونه این داستان به عیسی و پیغام انجیل اشاره می‌کند؟
- آیا در این داستان نمونه‌ای وجود دارد که باید از آن پیروی و یا اجتناب کرد؟ در صورت وجود چنین نمونه‌ای، و در واکنش نسبت به آنچه آموخته‌ام، چگونه باید به دنبال تغییر باشم؟

مطالب مربوط به هر یک هفته از این مطالعه به پنج قسمت تقسیم شده است. پیشنهاد می‌شود تا این پنج قسمت را در پنج روز متوالی مطالعه کنید. اما آزادی عمل دارید تا با برنامهٔ شخصی خود؛ برنامه‌ای که برای شما مفید است، پیش بروید.

زمانی که به دنبال درک کلام خدا هستید، به خاطر داشته باشید که معلم اصلی شما روح‌القدس است. خود عیسای مسیح فرمود که روح‌القدس یک هدیه و «پشتیبان» است که «همه چیز را به شما خواهد آموخت و هر آنچه من (عیسای مسیح) به شما گفتم، به یادتان خواهد آورد.» (یوحنا ۱۴:‏۲۶)

ابزار دیگری نیز وجود دارند که هرچند الزاماً ضروری نیستند، اما می‌توانند شما را در درک بهتر کتاب‌مقدس یاری کنند. پس در صورت تمایل، از منابع زیر استفاده کنید:

- لغت نامه
- ترجمه‌های مختلف کتاب‌مقدس
- آیه یاب کتاب‌مقدس

- دیکشنری کتاب‌مقدس
- کتاب‌های تفسیر
- تعدادی مداد رنگی برای علامت گذاری در کتاب‌مقدس

در همراهــی بـا مطالعهٔ ایــن کتـاب بـه شـما توصیـه می‌کنیـم کـه بـه سـری پادکسـت‌های «ابیجایـل و رویارویــی بـا افرادبـد قلـق» گـوش فـرا دهیـد. ایـن پادکسـت‌ها در تارنمــای زیــر موجــود می‌باشــند:

www.delhayemanehiakon.org

بـه منظـور اسـتفادهٔ بیشـتر شـما از ایـن مطالعـه، در بخـش پایانـی ایـن کتـاب پرسـش‌هایی بـرای تبـادل افـکار در گروه‌هـای کوچـک فراهـم کرده‌ایـم. پـس از اتمـام مطالعـهٔ مطالـب مربـوط بـه هـر یـک هفتـه می‌توانیـد بـه بخـش پرسش‌هـا مراجعـه و بـه همـراه افـراد گـروه خـود بـه تبـادل افـکار بپردازیـد.

یـک نمونـهٔ عملـی

اگرچـه داسـتان ابیجایـل در عهـد عتیـق کوتـاه اسـت، امـا در پاسـخ بـه ایـن پرسـش کـه «در برخـورد بـا افـراد دشـوار و بدقلـق در زندگیمـان، چگونـه رفتـار کنیـم تـا خداونـد جـلال یابـد؟» بینـش حکیمانـه‌ای ارائـه می‌دهـد. ابیجایـل بیـن دو مـرد (یکـی احمـق و دیگـری خشـمگین) گیـر کـرده بـود. امـا او ایـن موقعیـت چالـش برانگیـز را بـا حکمـت و بصیـرت مدیریـت کـرد. آخـر داسـتان شـاید آن چیـزی نبـود کـه ابیجایـل در پی‌اش بـود، امـا خـدا نـه تنهـا از ابیجایـل اسـتفاده کـرد تـا او بـر پادشـاه آینـدهٔ اسـرائیل اثـر گـذار باشـد ... بلکـه او برگزیـد تـا ایـن داسـتان در کتاب‌مقدس ثبـت شـده و بـرای مـا نمونـه‌ای باشـد.

در طـول شـش هفتـهٔ آینـده، امیدواریـم بـرای اطاعـت از کلام خـدا روش‌هـای عملـی، و بـرای برخـورد بـا افـراد مشـکل حکمـت پیـدا کنیـد ... تـا نـه فقـط زندگـی شـما را راحت‌تـر سـازد بلکـه تـا سـخنان زبـان شـما، عملکـرد شـما، و طـرز برخـورد شـما پـدر مـا را کـه در آسـمان اسـت جـلال بخشـد و نـام او را در سراسـر جهـان بشناسـاند.

آیهٔ حفظی

در طول این هفته بر این آیه تفکر کرده و آن را حفظ کنید.

ترس خداوند سر آغاز دانش است،

اما حکمت و ادب را جاهلان خوار می‌شمارند.

امثال سلیمان ۱ : ۷

هفتهٔ اول

یک پادشاه، یک ابله، یک زن حکیم

موضوع هفته: همهٔ ما از بدو تولد ابله هستیم، اما فیض خدا قادر است قلب ما را دگرگون سازد.

آیا تا به حال در فضای مجازی کلیپ‌هایی تحت عنوان «حماسه‌های شکست خورده» دیده‌اید؟ در اینچنین برنامه‌ای معمولاً شخصی به تصویر می‌کشد که اشتباه شرم‌آور او و یا خطای شوخی‌آمیزش منتهی به تحقیر و یا صدمهٔ جسمی وی می‌شود. در برخی موارد اشتباه این افراد نتیجهٔ گزینش‌های ابلهانهٔ خودِ آنهاست.

ما این اشتباهات را مشاهده می‌کنیم و با خود فکر می‌کنیم: «من هرگز مرتکب چنین اشتباهی نمی‌شدم. من فریب این ترفندها را نمی‌خوردم و خودم را در معرض چنین موقعیت خطرناکی قرار نمی‌دادم.»

شما شاید آنقدر فهمیده باشید که خود را در معرض شرایط خطرناک قرار ندهید، اما کتاب‌مقدس می‌گوید که ما نادان و ابله متولد شده‌ایم. و البته، این ادعای کتاب‌مقدس دربارهٔ شرمنده ساختن خودمان بر روی صفحات مجازی نیست.

مروری گذرا بر اول سموئیل

نویسنده

کتاب‌مقدس نویسندهٔ کتاب اول سموئیل را مشخص نمی‌کند. اما بسیاری از دانشمندان معتقدند که سموئیل نبی، ناتان نبی، و جاد نبی بسیاری از مطالب این کتاب را جمع‌آوری کرده‌اند.

زمان نگارش

کتاب اول سموئیل دورهٔ زمانی یکصد و ده سال را تحت پوشش قرار می‌دهد. این مدت، از پایان دورهٔ داوران، یعنی همزمان با تولد سموئیل نبی (حدود ۱۱۲۰ ق.م.)، آغاز و تا به مرگ شائول (۱۰۱۱ ق.م.) ادامه می‌یابد.

مکان داستان

همهٔ وقایع ثبت شده در کتاب اول سموئیل در سرزمین اسرائیل رُخ داده‌اند.

بلکه برعکس، حماقت ما نشات گرفته شده از این واقعیت است که ما خدا را ردّ و راههای خود را برگزیده‌ایم. اما خبر خوشی وجود دارد. و آن اینکه یک درمان قطعی برای حماقت موجود است! نیاز سادهٔ ما این است که زندگی خود را به خداوند بسپاریم، مسیح را به عنوان نجات‌دهندهٔ خود بپذیریم، و بگذاریم تا قدرتِ او قلبی حکیم به ما ببخشد.

این هفته، با شروع کاوش خود در داستان ابیجایل، با اشخاصی حقیقی مواجه خواهیم شد که برخی از آنها طریق حکمت را برگزیدند ... در حالی که دیگران تصمیم گرفتند در حماقت خود بمانند. با مطالعهٔ زندگی این اشخاص پی خواهیم بُرد که چگونه از حکمت استقبال کرده و حماقت را ردّ نماییم ... و اینکه در ارتباط خود با افراد بدقلق چه‌ها باید کرد.

روز اول: یک ملّت سوگوار

اول سموئیل ۲۵ : ۱ را بخوانید.

هنگامی که «رونالد ریگان» رئیس جمهور آمریکا درگذشت، ایالات متحدهٔ آمریکا، به عنوان ملتی یکپارچه، به سوگواری نشست. پرچم‌ها در سراسر کشور بصورت نیم افراشته بودند و هزارها هزار نفر در ایالت کالیفرنیا و بطور همزمان در خیابان‌های واشینگتن دی. سی. برپا ایستادند تا شاهد مراسم تشییع جنازهٔ او باشند. زمانی که جسد «ریگان» برای خاک سپاری در ساختمان کنگره (Capitol Rotunda) نهاده شد، بیش از یکصد هزار نفر صف کشیده بودند تا از کنار تابوت رئیس جمهور عبور کرده و آخرین احترام خود را نسبت به وی ادا کنند. (این امر برای عده‌ای مدت ۳ ساعت طول کشید.)

فصل ۲۵ کتاب اول سموئیل نیز با زمینهٔ مشابهی آغاز می‌شود. این بخش به جای اینکه ابتدا به ابیجایل بپردازد (چنانکه تصورش می‌رفت!)، دربارهٔ ملّتی سخن می‌گشاید که در غم از دست دادن نبی خود به سوگ نشسته است.

از آیهٔ اول درمی‌یابیم که سموئیل نبی مُرده است: «و سموئیل چشم از جهان فرو بست. پس تمامی اسرائیل گِرد آمده، برایش ماتم گرفتند و او را در خانه‌اش در رامَه به خاک سپردند.»

سموئیل مَرد خدا و آخرین داور عهد عتیق بشمار می‌رفت. سموئیل شائول را به عنوان اولین پادشاه اسرائیل به مقام پادشاهی مسح کرد. و پس از آنکه شائول خدا را رد نمود، این سموئیل بود که داوود را به عنوان جانشین شائول، به پادشاهی مسح کرد.

در کنار همهٔ کسانی که در غم از دست دادن سموئیل ماتم گرفتند، احتمالاً داوود نیز بابت مرگ سموئیل سوگواری نمود. سموئیل در واقع، برای سال‌های متمادی بین داوود و شائولِ خشمگین و قاهِر، به عنوان حائل محافظی عمل کرده بود. پس حال که سموئیل وفات یافته بود، این امکان وجود داشت که داوود احساساتی از قبیل تنهایی، آسیب‌پذیری و نومیدی را تجربه کند. شاید او از خود می‌پرسید، آیا واقعاً وعده‌های خدا دربارهٔ زندگی من به تحقق خواهند پیوست؟

کوه کرمل
رامه
دریای مدیترانه
اورشلیم
دریای مرده
کوه سیر
فاران
سینا
مصر
دریای سرخ

آیا شما نیز مُردنِ یک مشاور یا رهبر روحانی را در زندگی خود تجربه کرده‌اید؟ مرگ او چه تأثیری بر شما گذاشت؟ شما چه عکس‌العملی نشان دادید؟

درست در اوج این بحران در زندگی داوود، آیهٔ اول می‌گوید: «آنگاه داوود برخاسته، و به بیابان فاران فرود آمد.»

در کتاب اول سموئیل فصل‌های ۱۹ تا ۲۴ داوود، برای حفظ جان خود از دست شائولِ پادشاه، در حال گریز است. او در واقع یک فراریِ تبعیدی است. او قبلاً به همراه مردانش به بیابان عین جدی پناه برده بود. ولی حالا

پس از مرگ سموئیل، داوود بیشتر به سوی جنوب پیش می‌رود تا با فرار به بیابان فاران، فاصلهٔ خودش را از شائول دورتر کند.

داوود در مسیر فاران، در دهکده‌ای به نام «کرمل» با زن و شوهری مواجه می‌شود که یکی خداترس و خدا دوست است، و دیگری خدانشناس و خودپرست و شریر.

کنکاشی عمیق‌تر در کلام خدا

بخش پایانی مطالعهٔ هر یک روز را به بررسی کردن بخشی از کتاب‌مقدس اختصاص خواهیم داد که با اول سموئیل ۲۵ متفاوت است. در آغاز شاید متوجه ارتباط بین بخش‌های دیگر کتاب‌مقدس و داستان ابیجایل در اول سموئیل ۲۵ نشوید. اما اگر کلام خدا را عمیق‌تر کنکاش کنید، نه فقط ارتباط موجود بین این بخش‌های متفاوت را خواهید دید بلکه دیدِ وسیعی را که آنها نسبت به کُل تصویر کلام خدا ارائه می‌دهند درخواهید یافت.

اول پطرس ۳: ۱-۶ را بخوانید و با استفاده از کلمات خود آن را به اختصار بنویسید.

در این بخش از کلام خدا، برای شما چه چیزی دشوارترین مورد برای باور داشتن و اطاعت کردن است؟ چرا؟

با خواندن این متن، چه پرسش‌ها و یا افکاری بلافاصله به ذهن شما خطور می‌کنند؟ آنها را در زیر بنویسید.

چگونه این قسمت از کلام خدا می‌تواند با داستان ابیجایل مرتبط باشد؟

روز دوم: مروری مختصر

اول سموئیل ۱۶ : ۱-۱۳ و ۲۵ : ۲-۳ را بخوانید.

پیش از بررسی عمیق آیه‌های مشخصی، بیایید مروری مختصر بر اول سموئیل ۲۵ و شخصیت‌های اصلی آن داشته باشیم.

در مقابل هر یک از سه شخصیت این داستان تعریفی مختصر از او ارائه دهید. در این راستا، از کلمات، نقاشی، شعر و یا ترکیبی از همهٔ این‌ها استفاده کنید.

نابال

داوود

ابیجایل

آیا خصوصیت و یا خصوصیات شخصیت نابال را در زندگی خود می‌بینید؟ در چه شرایطی شما احتمالاً واکنشی شبیه واکنش نابال از خود نشان می‌دهید؟

آیا خصوصیت و یا خصوصیات شخصیت داوود را در زندگی خود می‌بینید؟ در چه شرایطی شما احتمالاً واکنشی شبیه واکنش داوود از خود نشان می‌دهید؟

کدام یک از خصوصیات شخصیت ابیجایل را شما مایلید که خدا در شما پرورش دهد؟

در این داستان شخصیت چهارمی نیز وجود دارد ـ خودِ خدا. او همیشه در پشت پرده بر همهٔ اوضاع و امور انسانها تسلط و کنترل کامل دارد. او در حاکمیت مطلق خود و بصورتی مستدام، در مسیر اجرای اهداف خود و تحقق وعده‌هایش، در حال عمل است.

در این متن، چه شواهدی به شما نشان می‌دهد که خدا در حال عمل است؟

همین خدا، در داستان زندگی شما نیز حضور دارد. در هفته‌ای که گذشت، شما چگونه شاهد کار خدا در زندگی‌تان بوده‌اید؟ در ماه گذشته چطور؟ در سال گذشته چطور؟

کنکاشی عمیق‌تر در کلام خدا

اول پطرس ۲: ۱۱ تا ۳: ۷ را بخوانید.

این متن از کلام خدا، بخش بزرگتری است که آیه‌های مطالعهٔ دیروز را در برمی‌گیرد. در واقع، این بخش زمینه‌ای است که آیه‌های دیروز در متن آن جای گرفته‌اند. آیا متوجه شدید که اول پطرس ۳:۱ با کلمهٔ «همچنین» آغاز می‌شود. این کلمه توجه ما را به آنچه در آیه‌های پیشین نوشته شده است جلب می‌کند. بر اساس آیه‌هایی که امروز خواندید، بنظر شما، در حالی که به بررسی موضوع اطاعت زنان از شوهران می‌پردازیم، پطرس از ما می‌خواهد چه نوع طرز فکری داشته باشیم؟

بر اساس این متن، چه شخص دیگری موظف به اطاعت از اقتدار دیگری است؟ پطرس به چه اقتدار دیگری اشاره می‌کند؟ او برای نشان دادن اینکه باید از قدرت‌های بالاتر اطاعت کرد، چه دلایلی ارائه می‌دهد؟

قدرت‌های مافوقی را در نظر بگیرید که شما باید از آنها اطاعت کنید. آیا این بخش از کلام خدا، نگرشی جدید در رابطه با اطاعت از آن قدرتها به ما می‌دهد؟ حتی هنگامی که این اطاعت دشوار است؟

_____

_____

_____

روز سوم: زنی زیبا و مردی ثروتمند

اول سموئیل ۲۵ : ۲ - ۳ را بخوانید.

اگرچه تابحال شخصیت نابال و ابیجایل را بطرز اجمالی بررسی کرده‌ایم، اما بیایید به مطالعهٔ مفصل‌تر هر یک از این دو شخصیت بپردازیم.

این قسمت از کتاب‌مقدس شخصیت نابال را چگونه توصیف می‌کند؟ در صورت امکان، با استفاده از حداقل سه ترجمهٔ مختلف کتاب‌مقدس این بخش را بخوانید. در هر یک از این ترجمه‌ها ممکن است که از کلمات و صفات متفاوت برای توصیف شخصیت نابال استفاده شده باشد. این کلمات را یادداشت کنید. (به منظور دسترسی به چهار نسخهٔ موجود کتاب‌مقدس به زبان فارسی، می‌توانید به تارنمای رایگان www.bible.com/fa مراجعه کنید.)

_____

_____

_____

در آیه‌های ۲-۳ شخصیت ابیجایل چگونه توصیف شده است؟ در این مورد نیز به ترجمه‌های گوناگون رجوع کنید.

به احتمال بسیار قوی، ازدواج نابال و ابیجایل نیز به مثال ازدواج‌های مرسوم در آن زمان توسط والدین آنها ترتیب داده شده بود. پس، قریب به یقین، ابیجایل در این زمینه فاقد حق انتخاب بوده است. ابیجایل زیبا بود و نابال ثروتمند! چه ترکیب ایده‌آل و عالی! احتمالاً پدر ابیجایل از این پیوند احساس رضایت کرده است چرا که دخترش همسر مردی از یک خانوادۀ ثروتمند شده است. اما متأسفانه مشکل این است که زیبایی و ثروت نمی‌تواند چیزی بیشتر از مشخصۀ ظاهری آدمیان باشد. آنچه که در زندگی واقعی آدمی ارزش حقیقی دارد، وضعیت قلبی اوست، نه جلوۀ ظاهری و یا ثروت مادی او.

در ارتباط با این زن و شوهر (ابیجایل و نابال)، اگر متفاوت بودن شرایط قلبی و شخصیت درونی آنها را به تفاوت روز و شب تشبیه کنیم، گزافه‌گوئی نکرده‌ایم.

در زبان عبری نابال به معنی «جاهل»، «ابله»، و یا «احمق» و ابیجایل به معنی «شادی پدر» و یا به زبان محاوره «شادی بابا» می‌باشد. در آیه‌هایی که امروز مطالعه می‌کنیم، بنظر شما چگونه هر یک از این دو شخصیت در راستای معنای اسم خود عمل می‌کنند؟

نابال مردی بود ابله و فاقد خداترسی. در حالی که ابیجایل زنی بود حکیم و خدا دوست. بطور دقیق مشخص نیست که نابال همیشه اینچنین شخصیتی داشته و یا با گذشت زمان این رفتارها در او شکل گرفته‌اند. ولی آنچه مسلم است این است که ابیجایل وارد یک زندگی زناشویی بسیار دشوار شده است.

اول پطرس ۳: ۱-۲ را بخوانید و سپس آن را در زیر بنویسید.

شخص ازدواج کرده‌ای که مسیح را پیروی و با قدرت انجیل زندگی می‌کند، قادر است همسر (شوهر و یا زن) خود را قویاً تحت تأثیر قرار دهد. اما باید این حقیقت را در نظر داشت که زندگی خدا پسندانهٔ ما نه ایماندار شدن و یا خداترس شدن همسر (و اطرافیان) ما را تضمین می‌کند، و نه عوض شدن آنها را!

درس با ارزش دیگری که از داستان ابیجایل فرا می‌گیریم این است که شما نباید اجازه دهید تا شوهری تُندخو و بد رفتار شما را به شخصی تُندخو و بد رفتار تبدیل کند. اینکه همسر و یا یکی از اطرافیان شما رفتاری خدا منشانه ندارد، به این معنی نیست که شما نمی‌توانید خداپسندانه زیست کنید.

غالباً ما فکر می‌کنیم که اطرافیانمان هستند که سطح روحانیت و زندگی خدا پسندانهٔ ما را تعیین می‌کنند. و بنابراین دیگران را مسّبب رفتارهای خود می‌شماریم. در حالی که واقعیت این است که هیچکس نمی‌تواند من و شما را وادار سازد تا رفتاری ناشایست از خود نشان دهیم. در واقع، قرار نیست که دیگران شخصیت و چگونگی واکنش‌های شما را کنترل کنند.

هنگامی که یکی از اطرافیانتان مانند نابال احمقانه رفتار می‌کند، معمولاً چه واکنشی نشان می‌دهید؟

آیا کسی در زندگی شما وجود دارد که کنار آمدن با او بسیار مشکل باشد؟ از خداوند بطلبید تا شما را کمک کند تا واکنش شما نسبت به این فرد تحت کنترل روح‌القدس باشد. دعای خود را اینجا بنویسید.

کنکاشی عمیق‌تر در کلام خدا

اول پطرس ۲: ۱۸- ۲۵ را بخوانید. شخص عیسای مسیح را در نظر گرفته و نمودار زیر را پر کنید. بر اساس این متن، چه رفتاری با عیسی شد؟ عیسی چه واکنشی از خود نشان داد؟

رفتار با عیسی	واکنش عیسی

چرا عیسی این تجربیاتِ دشوار را تحّمل کرد؟ (به آیه‌های ۲۱ و ۲۴ مراجعه کنید.)

به مواردی که در فهرست بالا نوشتید توجه کنید. آیا شما نیز در حال تجربهٔ هیچیک از این موارد هستید؟ واکنش شما چگونه بوده است؟

اگر واکنش شما گناه‌آلود بوده است، آن را اعتراف کنید، به انجیل ایمان آورید (آیهٔ ۲۴)، و از مسیح یاری بطلبید تا بتوانید «بر آثار قدم‌های وی پا نهید». (آیهٔ ۲۱)

روز چهارم: یک احمق چگونه تعریف می‌شود؟

امثال ۱ : ۷ را بخوانید.

موضوع کلیدی کتابی که در دست دارید چگونگی برخورد با «نابال‌های» زندگی است، یعنی افرادی که بدقلق و تند مزاج هستند و زندگی کردن با آنها دشوار است.

بر اساس کلام خدا، احمق بودن یک شخص چگونه تعریف می‌شود؟ آیه‌های زیر را بخوانید و به اختصار توضیح دهید که هر یک از آنها حماقت را چگونه توصیف می‌کند؟

مزمور ۱۴: ۱

مزمور ۷۴: ۱۸

امثال سلیمان ۱: ۷

امثال سلیمان ۱۲: ۱۵

امثال سلیمان ۱۵: ۵

امثال سلیمان ۲۹: ۱۱

بر اساس آیه‌های بالا، شما چگونه شخص احمق را تعریف می‌کنید؟

کلام خـدا واژهٔ «نـادان» و یـا «احمـق» را در توصیـف شـخصی کـه مشـکل مغزی/روانـی داشـته باشـد اسـتفاده نمی‌کنـد. ایـن واژه در کلام خـدا بـه فـردی اشـاره دارد کـه از لحـاظ اخلاقـی دچـار کاسـتی اسـت؛ کسـی کـه ناکاراسـت. او در واقـع شـخصی اسـت کـه طـوری زندگـی می‌کنـد کـه گویـا خدایـی وجـود نـدارد. یـک احمـق نـه از خـدا می‌ترسـد و نـه از انسـان. او هیـچ ارزشـی بـرای اخلاقیـات و زندگـی خـدا پسـندانه قائـل نیسـت. در نتیجـه، آنچـه افـراد احمـق انجـام می‌دهنـد ابلهانـه، نابخردانـه، و شـرم‌آور اسـت.

در مطالعـهٔ زندگـی «نابـال و ابیجایـل» بـه ایـن حقیقـت بسـیار مهـم پـی می‌بریم: وضعیـت قلبـی و درونـی مـا چگونگـی واکنـشِ مـا را تعییـن می‌کنـد. اگـر شـما قلبـی احمـق داشـته باشـید، احمقانـه عمـل خواهیـد نمـود. امـا اگـر شـما قلـب خـود را بـه عیسـی داده و خـود را تسـلیم ارادهٔ او کـرده باشـید، متعاقبـاً او شـما را یـاری خواهـد داد تـا طـوری رفتـار کنیـد کـه در نهایـت خـدا جـلال یابـد.

این خیلی آسان است که دربارۀ نابال بخوانید و به افرادی فکر کنید که شخصیتی شبیه به او دارند. اما در طول این مطالعه از خدا بطلبید تا نور روح‌القدس و کلامش را بر قلب و درون شما بتاباند. و به این ترتیب از خود بپرسید: آیا این موارد دربارۀ من هم صدق می‌کنند؟

با پاسخ دادن به پرسش‌های زیر خود را تفتیش کنید:

- آیا گاهی اوقات کنار آمدن با من، برای دیگران غیر ممکن است؟

- آیا اطرافیانم از ترس روحیۀ جنگجو و انفجاری من، قادر نیستند صادقانه با من صحبت کنند؟

- آیا من روحیه‌ای بزرگ بین، متکبّر و تندمزاج دارم؟

- آیا پیش فرض من دربارۀ اطرافیانم همیشه منفی و بدترین حالت ممکنه است؟

- به هنگام پاسخ دادن، آیا روحیه‌ای تندخو دارم یا مهربان؟

کلام خدا به ما می‌آموزد که همۀ ما از بدو تولد ابله هستیم. اما فیض خدا و قدرت تبدیل کنندۀ انجیل قادر است قلب ما را دگرگون سازد. بدون چنین قدرتی، هیچیک از ما بهتر از نابال نخواهد بود. اما خدا بواسطۀ فیضش قادر است درون خانه و در محیط خارج از خانه ما را تبدیل به افرادی مهربان و رحیم سازد که علیرغم شخصیت‌هایی که با آنها روبرو می‌شویم، واکنش ما فارغ از هر گونه تلخی باشد.

کنکاشی عمیق‌تر در کلام خدا

اول پطرس ۳: ۱-۶ را بخوانید. پطرس برای توصیف اعمال و قلب زن ایمانداری که زندگی خداپسندانه‌ای دارد، از چه کلماتی استفاده می‌کند؟ فهرستی از آنها را تهیه کرده و در زیر بنویسید.

آیا این مشخصات در زندگی ابیجایل دیده می‌شوند؟ کدامیک؟

بر اساس شناخت خود از شخص عیسای مسیح، او چگونه زندگی زمینی خود را در تطابق با این ویژگی‌ها زیست؟

هنگامی که ما از مسیح پیروی می‌کنیم و به قول کلام خدا بر «آثار قدمهای وی» پا می‌نهیم، خدا آن را بسیار ارزشمند [«بس گرانبهاست» (آیهٔ ۴)] می‌شمارد. این مورد چه نوع شور و شوقی در شما ایجاد می‌کند؟

دانش به این حقیقت که خدا اطاعت شما را «بس گرانبها» می‌شمارد، چگونه در برخورد با اشخاص بدقلق به شما امید می‌دهد؟

روز پنجم: چگونه از حماقت اجتناب کنیم؟

متی ۷ : ۲۴-۲۷ را بخوانید.

آیه‌هایی را که در بالا خواندید با استفاده از کلمات خود و بطور مختصر در اینجا بنویسید.

در توصیف «مرد نادان» عیسای مسیح به چه اعمال مشخصی اشاره می‌کند؟

در یعقوب ۱:۲۲ می‌خوانیم: «بجای آورندهٔ کلام باشید، نه فقط شنوندهٔ آن؛ خود را فریب مدهید!» چگونه است که اگر فقط شنوندهٔ کلام خدا باشیم و در اطاعت از آن کوتاهی ورزیم، «خود را فریب می‌دهیم»؟

چگونه داشتن رابطه با مسیح و سلوک در او، شما را از حماقت حفظ می‌کند؟

در طول هفتهٔ آینده، شما چگونه می‌توانید نسبت به افراد نادان و بدقلق در زندگیتان با مهربانی و فیض رفتار کنید؟

کنکاشی عمیق‌تر در کلام خدا

اول پطرس ۳: ۷-۲۲ را بخوانید.

پطرس چگونه ما را در رفتارمان با دیگران تشویق می‌کند؟ او چه دلیلی برای این موضوع ارائه می‌دهد؟ (آیهٔ ۹)

در این بخش از کلام خدا چه وعده‌هایی به اشخاصی که بطور ناعادلانه از افراد نادان و بدخو آزار می‌بینند داده شده است؟

عیسی هم مثل ما آزرده شد و رنج کشید (آیهٔ ۱۸)، اما رنج‌هایی که او کشید، به ما امید بخشیده است. همه چیز تحت حاکمیت او قرار دارد ـ حتی حکومت‌های شریر و انسان‌های

نادانی که ما با آنها سر و کار داریم (آیه ۲۲). حال که به زودی به مطالعهٔ هفتهٔ دوم خواهیم پرداخت، چه حقایقی از کتاب اول پطرس بیش از هر چیز دیگری برای شما مفید بوده است؟ به منظور عملی ساختن این حقایق در شرایط خاص و زندگی شخصیِ خود، چه قدم‌هایی برخواهید داشت؟

ای پدر ... ببخشا که در عمل طوری زندگی کنم که در برخورد با افراد بدقلق و دشوار زندگی‌ام تو را جلال دهم. علیرغم برخورد تند و آزار دهندهٔ آنها با من ـ و حتی اگر هیچگاه عوض نشوند ـ دعا می‌کنم تا نه رفتار آنان بلکه روح‌القدسِ تو تعیین کنندهٔ برخورد من با آنها باشد. ای پدر، همچنین می‌طلبم تا نشانه‌های احمقانه رفتار کردن در زندگی‌ام را به من نشان دهی. نادانی‌های مرا ببخش و کمکم کن تا متبدل شوم. ای پدر، ببخشا تا در برخوردم با دیگران مهربان، متین، و رحیم باشم ... و بدین ترتیب انعکاسی از شخصیت مسیح در بین اطرافیانم باشم.

آیهٔ حفظی

در طول این هفته بر این آیه تفکر کرده و آن را حفظ کنید.

آن که بر نفسِ خود مسلط نباشد،

شهری بی‌حصار را مانَد که
بدان رخنه کرده باشند.

امثال سلیمان ۲۵ : ۲۸

هفتهٔ دوم

درخواستی منطقی ... واکنشی گستاخانه

موضوع هفته : اگر اعتماد خود را بر پروردگار بنهید، قادر خواهید بود تا در رویارویی با افراد بدقلق و دشوار، عکس‌العملی نشان دهید که مملو از خویشتن داری، لطف، و محبت است.

غالباً چه چیزی موجب عصبانیت شما در یک روز معمولی می‌شود؟ شاید راننده‌ای است که ناگهان جلوی ماشین شما می‌پیچد ... شاید فروشنده‌ای است که خیلی بی‌ادب حرف می‌زند ... شاید همکاری است که در انجام وظایفش تنبل است و کارش را به موقع تمام نمی‌کند ... و یا شاید فرزند شماست که بی‌اطاعتی او از حد شمار گذشته است.

در مطالعهٔ این هفته خواهیم دید که نابال (که خیلی بدتر از همهٔ نمونه‌های بالا عمل کرد) با رفتار گستاخانهٔ خود پادشاه آیندهٔ اسرائیل را بشدت به خشم آورد. شاید ما به اندازهٔ داوود، که خونش به جوش آمده بود، شدیداً خشمگین نشویم. اما مطالعهٔ این هفته می‌تواند ما را به چالش بکشد تا واکنش‌های خود را ارزیابی کرده و با یاری خداوند خویشتن داری را تمرین کنیم.

پشم‌چینی گوسفندان

پشم‌چینی گوسفندان غالباً در فصل بهار انجام می‌شد. عمل پشم چینی یا توسط مالک گوسفندان انجام می‌شد (پیدایش ۱۹:۳۱ و ۱۳:۳۸؛ تثنیه ۱۹:۱۵؛ اول سموئیل ۲۵: ۲و۴) و یا توسط پشم چینانی که برای این کار استخدام می‌شدند (اول سموئیل ۲۵: ۷و۱۱ اشعیا ۷:۵۳). در ایام عهد عتیق، خانه‌های مخصوصی برای پشم چینی وجود داشت (دوم پادشاهان ۱۰: ۱۲و۱۴). از آنجا که ارزش گوسفندان در پشم‌شان بود (تثنیه ۴:۱۸، امثال ۲۳:۲۷و۲۶؛ ۱۳:۳۱؛ ایوب ۱۹:۳۱)، فرآیند پشم چینی با دقت زیادی انجام می‌شد تا پشم گوسفندان بطور کامل و یکپارچه چیده شود. (داوران ۶: ۳۷)

در بین عبرانیان، فصل پشم چینی گوسفندان فصل جشن و پایکوبی بود (پیدایش ۱۹:۳۱؛ دوم سموئیل ۱۳: ۲۳-۲۸؛ دوم پادشاهان۱۰: ۱۲و۱۴). در خانه‌های اسرائیلیان این فصل زمانی بود برای شکرگزاری بابت پشمی که از گوسفندان فراهم شده بود.

روز اول: درخواست داوود

اول سموئیل ۲۵ : ۴-۱۳ را بخوانید.

داوود و ۶۰۰ نفر از مردانش در بیابان بسر می‌برند. او خبردار می‌شود که نابال در حال پشم‌چینی گوسفندان خود است. داوود، به عنوان کسی که خودش سال‌ها چوپانی کرده بود، به خوبی می‌دانست که فصل پشم چینی صرفاً دربارهٔ عمل چیدنِ پشمِ گوسفندان نیست. داوود به راستی می‌دانست که فصل پشم چینی زمان ضیافت، جشن و پایکوبی با دوستان و همسایگان است. به همین دلیل، داوود ده نفر از مردان جوان خود را به عنوان پیک، و با یک درخواست، به خانهٔ نابال می‌فرستد. (آیه‌های ۵-۸)

درخواست داوود را بطور مختصر اینجا بنویسید.

داوود و مردانش در بیابان رفتاری بسیار مؤدبانه و با احترام نسبت به شبانان نابال از خود نشان داده بودند. آنان شبانان و گوسفندان نابال را از گزند دزدان، راهزنان و غارتگران در بیابان حفظ کرده بودند. داوود، در آیه‌های ۵-۸ درخواست عادلانه‌ای می‌کند: داوود برای خدمتی که [مردانش] برای نابال انجام داده بودند، حق‌الزحمه‌ای می‌طلبد. بخاطر داوود و مردانش گوسفندان و شبانان نابال از گزند غارتگران در امان مانده بودند. در قبال این خدمت، درخواست داوود از نابال این است که نابال

داوود و همراهانـش را بـه جشـنی کـه برپـا کـرده اسـت دعـوت کنـد ... و ایـن کامـلاً معقـول بـود. اما متأسفانه نابال واکنشی بسیار غیر منطقی و نامعقول از خودش نشان داد.

> نابـال بـه خادمـان داوود گفـت: داوود کیسـت و پسـر یسـا چـه کسـی اسـت؟ ایـن روزهـا چـه بسـیارند خادمانـی کـه از نـزد سـروران خویـش می‌گریزنـد! آیـا بایـد نـان و آب خـود و گوشـتی را کـه بـرای پشـم‌چینانم ذبـح کـرده‌ام گرفتـه، بـه کسـانی بدهـم کـه نمی‌دانـم از کجـا آمده‌انـد (آیه‌هـای ۱۰-۱۱)

شـما پاسـخ نابـال بـه داوود را چگونـه توصیـف می‌کنیـد؟ چـه کلمـات کلیـدی توجـه شـما را بـه خـود جلـب می‌کننـد؟

تعجـب‌آور نیسـت کـه مـردی کـه تنـد مـزاج و بـد رفتـار اسـت سـخن گفتنـش نیـز بـا تنـد مزاجـی و بـد رفتـاری باشـد.

آنچه را عیسای مسیح در متی ۱۲:۳۴ گفت اینجا بنویسید.

بـه عبـارت دیگـر، **هرآنچـه کـه در دل شـما باشـد، در واکنشـهایی کـه شـما بـه مـردم نشـان می‌دهیـد ظاهـر خواهد شـد.**

انگیزه‌های حقیقی نابال در واکنشی که او نسبت به درخواست داوود نشان داد برملا شد.

بنظـر شـما سـخنان نابـال چـه نـوع نقطـه نظراتـی را آشـکار می‌کننـد؟ تـا آنجـا کـه می‌توانیـد ایـن نقطـه نظـرات را تشـریح کنیـد.

«داوود کیست؟ و پسر یسا چه کسی است؟»

«این روزها چه بسیارند خادمانی که از نزد سروران خویش می‌گریزند.»

«آیا نان و آب خود و گوشتی را که برای پشم چینانم ذبح کرده‌ام گرفته .....؟»

«به کسانی بدهم که نمی‌دانم از کجا آمده‌اند؟»

نابال یک مرد ثروتمند بود. او خیلی بیشتر از نیاز خود داشت. و قطعاً می‌توانست احتیاج مردانی را که از شبانان و گوسفندانش مراقبت کرده بودند، فراهم کند. اما او از این کار امتناع ورزید. کلمات او به مثال یک سیلی محکم بر صورت داوود بود ... آن داوودی که یکی از قدرتمندترین افراد آن منطقه بشمار می‌رفت ... همان داوودی که قرار بود بزودی پادشاه اسرائیل شود.

واکنش نابال به داوود به وضوح نشان می‌دهد که او چقدر شیفتهٔ رفاه شخصی خودش است.

دوباره به آیهٔ ۱۱ توجه کنید. در این آیه، نابال چندین بار از کلماتی استفاده می‌کند که نشان‌دهندهٔ تمرکز صرف او بر شخص خودش است. این کلمات را علامت‌گذاری کنید.

بنظر می‌رسد که نابال نه فقط در پیِ آن است که هر آنچه را که بدست آورده حفظ کند،

بلکه می‌خواهـد بیشتـر هـم بدسـت آورد، همـه چیـز را تحـت کنتـرل خـود نـگاه دارد، و برتـر از داوود و یـا هـر کـس دیگـری در زندگـی‌اش باشـد.

اگرچـه بـه آسانی می‌تـوان نابـال و نقطـه نظراتـش را مـورد انتقـاد قـرار داد، امـا آیـا مـن و شـما واکنشـی مثـل نابـال از خـود نشـان نـداده‌ایم؟ آیـا مـا نیـز خودخواهانـه از عباراتـی از قبیـل «وقـتِ مـن» و «امـوالِ مـن» و «اختیـاراتِ مـن» و «حـق و حقـوقِ مـن» اسـتفاده نکرده‌ایم؟ از خـدا بخواهیـد تـا قلـب شـما را تفتیـش کنـد و هـر نـوع تمایـل نابـال گونـه را بـر شـما آشـکار کنـد. آنگونـه کـه خداونـد شـما را هدایـت می‌کنـد، دعـای اعتـراف خـود را اینجـا بنویسـید.

_____

_____

_____

_____

_____

آیـا خـدا قلـب شـما را طـوری عـوض کـرده تـا بـه جـای واکنش‌هـای نابـال وار بیشـتر واکنش‌هـای مسـیح وار از خـود بـروز دهیـد؟ چگونـه؟

_____

_____

_____

کنکاشـی عمیـق‌تـر در کـلام خـدا

اول قرنتیـان ۱۳ را بخوانیـد و آن را در یـک یـا دو جملـه خلاصـه کنیـد. موضـوع اصلـی ایـن متـن چیسـت؟

_____

_____

_____

تا کنون ما در این داستان به تشریح واکنش‌های داوود، نابال و ابیجایل در شرایط دشوار پرداختیم. با توجه به آنچه در اول قرنتیان ۱۳ خواندید، از کدام کلمه برای توصیف واکنش هر یک از این سه شخصیت استفاده خواهید کرد؟

داوود
_____

نابال
_____

ابیجایل
_____

کدام‌یک از تعاریفی که در این متن برای توصیف محبت بکار برده شده است، در برخورد با افراد بدقلق و بدخوی موجود در زندگیتان، بیشتر از همه شما را به چالش می‌کشد؟ این موارد را به خدا اعتراف کنید و در دعا از او بطلبید تا در شرایطی که محبت کردن دشوار است، شما را فیض عطا کند تا با از خود گذشتگی محبت کنید.

_____

_____

_____

_____

_____

روز دوم: واکنش داوود

اول سموئیل ۲۵ : ۱۳ را بخوانید.

در حالی که به مطالعهٔ این بخش از کلام خدا ادامه می‌دهیم، خواهیم دید که در دست و پنجه نرم کردن با افراد بدقلق و دشوار، معمولاً دو واکنش کاملاً متفاوت وجود دارد. این هفته به واکنش داوود خواهیم پرداخت و هفتهٔ آینده واکنش ابیجایل را بررسی خواهیم نمود.

بر اساس آیهٔ ۱۳، داوود چه واکنشی به نابال نشان داد؟

واکنش اولیهٔ داوود نسبت به نابال دقیقاً همان واکنشی بود که نابال نسبت به داوود نشان داده بود: تند مزاج، بدخو، و ستیزه گر! داوود در پیِ انتقام بود. به همین دلیل، او چهارصد نفر از مردان خود را فرا می‌خواند تا شمشیر بدست آماده شوند، گویا که برای جنگ فرستاده می‌شوند. واکنش داوود یک حرکت ضربتی، عجولانه، و فاقد دوراندیشی بود. او حتی یک لحظه دربارهٔ تصمیمش تأمل نکرد.

آیا معمولاً این همان واکنشی نیست که ما در پاسخ به آنانی که ما را خشمگین کرده‌اند از خود نشان می‌دهیم؟ شاید ما شمشیر به کمر نبندیم، اما زبانمان می‌تواند به همان اندازه صدمه وارد کند. در برخی شرایط ما حتی قادریم با زبانِ بدنمان، با نگاهمان، و با رفتار تحقیرآمیزمان اقدام به تلافی کنیم.

نابال نیکوییِ داوود را با بدی پاسخ داده بود و حالا داوود در صدد آن بود که این بدی را با بدی پاسخ دهد.

زمانی که شخصی شما را عصبانی می‌کند، واکنش طبیعی شما چیست؟

واکنش داوود، در مقایسه با بد رفتاری نابال، نا متناسب و بیش از اندازه شدید و خشن بود. نمی‌توان انکار کرد که واکنش نابال گستاخانه، بی ادبانه، و پست بود. اما تنها کاری که نابال کرده بود این بود که او از خوراک دادن به داوود و همراهانش امتناع ورزید. بد رفتاری نابال جرمی نبود که بتواند کشتار او، مردان خانواده‌اش، و همهٔ شبانانش را توجیه کند. داوود واقعاً کنترل خود را از دست داده بود.

این نوع رفتار خارج از شأن داوود بود. فصل پیشین این حقیقت را تأئید می‌کند.

اول سموئیل ۲۴ را بخوانید.

هنگامی که داوود می‌توانست شائول پادشاه را بکُشد، چه کرد؟

_____

_____

_____

چگونه این واکنشِ داوود اعتماد او را به خدا نشان می‌دهد؟

_____

_____

_____

در اول سموئیل ۲۴ داوود به صورتی شگفت‌آور خود را کنترل کرد ... زیرا او قلبی موافق قلب خدا داشت. اما در رویارویی با نابال، انگار که او غافلگیر شده بود. سرگردانی در بیابان دورانی بود که داوود آسیب پذیری و انزوا را در زندگی خود تجربه می‌کرد. در اینچنین شرایطی بود که داوود در برابر بد رفتاری نابال عجولانه و بدون تأمل واکنش نشان داد.

بطور یقین مفهوم کلمهٔ «ایست» برای شما روشن است. «ایست» می‌توانست داوود را کمک کند. به درستی گفته شده که اگر ...
* گرسنه
* خشمگین
* تنها
* خسته

... هستید، شما باید «ایست» کنید. یعنی قبل از انجام هر کاری و یا ادای هر کلمه‌ای برای یک لحظه هم که شده باشد، مکث کنید تا بتوانید خوب فکر کنید.

در این مقطع از زمان، قطعاً داوود دلایل موجهی برای این چهار مورد داشت. او در بیابان نه تنها خودش گرسنه بود، بلکه مسئولیت تغذیهٔ ششصد نفر دیگر نیز بر عهدهٔ او بود. داوود

خشمگین بود زیرا که حق و حقوق او توسط شائول پادشاه پایمال شده بود. داوود احتمالاً خود را تنها و بی‌کس می‌دید زیرا سموئیل مُرده بود. و بالطبع، فرار از دست شائول و سرگردانی در بیابان داوود را فوق العاده خسته کرده بود.

در این شرایط داوود می‌بایست «ایست» می‌کرد. اما داوود به جای مکث و تفکر، تصمیم گرفت که رفتاری نابال وار از خود نشان دهد. در عمل، واکنش داوود حرکتی عجولانه، تند و تیز، و احساساتی بود. داوود در برخورد با فردی گستاخ و بی ادب، واکنشی مشابه از خود نشان داد.

در رویارویی با اشخاص گستاخ و بی‌ملاحظه چه باید کرد؟ پاسخ را در این آیه‌ها بیابید و در نمودار زیر بنویسید.

آیه‌های کتاب‌مقدس	واکنش در برابر گستاخی
امثال سلیمان ۴:۲۶	
امثال سلیمان ۱:۱۵	
امثال سلیمان ۱۸:۱۵	
یعقوب ۱: ۱۹-۲۰	
اول قرنتیان ۱۳: ۴-۵	

کنکاشی عمیق‌تر در کلام خدا

اول قرنتیان ۱۳: ۱- ۳ را بخوانید.

ایمانداران کلیسای قرنتس بیش از آنکه دیگران را با فداکاری و ازخود گذشتگی خدمت کنند، تمرکز خود را بر عطایای خاصی نهاده بودند که برای آنان مقام و شهرت ببار می‌آورد. آنها فراموش کرده بودند که همهٔ عطایای روحانی لازم هستند ... و اینکه هر یک از آنها باید در محبت بکار گرفته شود!

هنگامی که شما در موقعیت سختی قرار گرفته باشید، با انجام دادن چه کارهایی تلاش می‌کنید تا ثابت شود که شما همچنان مقاوم ایستاده‌اید ... روحانی‌تر هستید ... و در قبال صدمه‌ای که دیده‌اید، مستحق دریافت چیزی هستید؟ آیا از عطایای روحانی خود برای جلب توجه استفاده می‌کنید یا برای خدمت کردن به بدن مسیح (همان کسانی که برای کنار آمدن با آنها با مشکل روبرو شده‌اید)؟

بر اساس این آیه‌ها، بکار گیری عطایای روحانی، بدون داشتن محبت، از چه ارزشی برخوردار است؟

این سه آیه از اول قرنتیان ۱۳ را با کلمات خود باز نویسی کنید. به جای واژه‌های «زبانها» و «نبوت» و ... عطایا و استعدادهایی را بنویسید که در نظر شما با ارزش بوده و شما در طلبِ آنها هستید. از خداوند یاری بطلبید تا مانند پولس شوید؛ او که حاضر شد هر آنچه را که برای او سود بود، در برابر گنج با ارزش و برتر شناخت عیسای خداوند زیان به حساب آورد. (فیلیپیان ۳:۸)

روز سوم: واکنش همراه با خویشتن‌داری و کنترل نفس

اول سموئیل ۲۵ را بخوانید.

واکنـش داوود بـه نابـال نشـانگر فقـدان خویشـتن‌داری (یـا خـود داری) بـود؛ خصوصیتـی کـه بـه دفعـات در کلام خـدا بـه آن اشـاره شـده اسـت. هنگامـی کـه خویشـتن‌داری کنیـد، شـما قـادر بـه کنتـرل احساسـات، انگیزه‌هـا، و رفتـار خـود خواهیـد شـد.

آیه‌های زیر دربارهٔ خویشتن‌داری چه می‌آموزند؟

امثال سلیمان ۲۸:۲۵

_____

_____

غلاطیان ۵: ۲۲-۲۳

_____

_____

تیطس ۲: ۱۱-۱۲

_____

_____

_____

دوم پطرس ۱: ۵-۷

_____

_____

_____

با استفاده از نمودار زیر فهرستی از مزایای داشتن خویشتن داری (کنترل نفس) و خطرات نداشتن آن تهیه کنید.

مزایای داشتن خویشتن داری	خطرات نداشتن خویشتن داری

اگر خویشتن‌دار نباشید، آنجا که باید پاسخ مثبت دهید قادر نخواهید بود «بلی» بگویید ... و آنجا که باید پاسخ منفی دهید قادر نخواهید بود «خیر» بگویید. در این حالت، شما خود را در معرض حملهٔ دشمن قرار داده‌اید.

غلاطیان ۵: ۲۲-۲۳ را در اینجا بنویسید.

از نقطه نظر کلام خدا، خویشتن‌داری نه دربارهٔ کوشش انسان است و نه صرفاً دربارهٔ نیروی ارادهٔ او. خویشتن‌داریِ کتاب‌مقدسی یعنی اینکه ما در همهٔ جنبه‌های زندگی تحت کنترل روح‌القدس باشیم. هر گاه کوشش کنید تا با (اتکا به) نیروی خود خویشتن‌داری کنید، قطعاً دلسرد شده و شکست خواهید خورد. اما اگر خود را به اقتدار روح‌القدس تسلیم کنید، در آن صورت قادر خواهید بود به نفس (یعنی طبیعت گناه‌آلودتان) پاسخ منفی داده و به خداوند بگویید: «بله!»

چگونه عدم خویشتن‌داریِ داوود او را در برابر وسوسه آسیب پذیر ساخت؟ چگونه فقدانِ خویشتن‌داری شما را در رویارویی با مسائل زندگیتان آسیب پذیر ساخته است؟

شما در چه بخش‌هایی از زندگی خود فاقد خویشتن‌داری هستید؟ در دعا خود را به قدرت روح‌القدس تسلیم کنید. دعای خود را اینجا بنویسید.

کنکاشی عمیق‌تر در کلام خدا

اول قرنتیان ۱۳: ۴-۸ را بخوانید. «محبت» و «خویشتن‌داری» چه وجه مشترکی با یکدیگر دارند؟

در برابر هر یک از کلمات و عباراتی که در این بخش از کلام خدا ذکر شده‌اند تعریفی بنویسید. شاید خوب باشد که از یک لغت‌نامه و یا آیه‌یاب استفاده کنید.

محبت ...

بردبار است.

مهربان است.

حسد نمی‌برد.

فخر نمی‌فروشد.

کبر و غرور ندارد.

رفتار ناشایسته ندارد.

نفع خود را نمی‌جوید.

به آسانی خشمگین نمی‌شود.

کینه به دل نمی‌گیرد.

از بدی مسرور نمی‌شود.

با حقیقت شادی می‌کند.

با همه چیز مدارا می‌کند.

همواره ایمان دارد.

همیشه امیدوار است.

در همه حال پایداری می‌کند.

هرگز پایان نمی‌پذیرد.

آیــا شخصی را می‌شناسید کــه همـهٔ ایــن خصوصیــات (یــا اکثــر آنها) را دارا باشد. در رویارویــی بــا افــرادی کــه محبـت کــردن بــه آنهـا دشــوار اسـت، آن شـخص چـه نـوع واکنشـی از خـود نشـان داده اسـت؟

شما چگونه می‌توانید از نمونهٔ او پیروی کنید؟

روز چهارم: ضرورت مشورت حکیمانه

اول سموئیل ۲۵: ۹-۱۳ را بخوانید.

روحیهٔ خشمگین و عجول داوود موجب شد که او با هیچکس مشورت نکند. کلام خدا مشخص نمی‌کند که آیا کسی از میان مردان داوود او را نصیحت کرده است یا نه. اما آنچه واضح است، این است که آنان داوود را در «جنگ» با نابال پیروی کردند.

آیا تا به حال برای شما اتفاق افتاده است که یکی از رهبران قابل اعتماد شما، یک دوست، و یا یکی از نزدیکان شما تصمیمی ناعاقلانه بگیرد؟ شما چه واکنشی نشان دادید؟

همانطور که زندگی داوود نشان می‌دهد، حتی خداترس‌ترین مردم هم گاهی واکنش‌های احمقانه‌ای از خود نشان می‌دهند که خدا پسندانه نمی‌باشد.

آیا تا به حال شده که به دوستی که در شُرُف اتخاذ تصمیم نادرستی بوده است، شما نصیحتی حکیمانه و مثمر ثمر داده باشید؟ آن جریان را مرور کرده و در زیر به اختصار بنویسید.

ما نه تنها باید مایل باشیم تا به دیگران مشورت خداپسندانه بدهیم، بلکه خود نیز برای گرفتن این چنین مشورتی باید تمایل داشته باشیم. به همین دلیل، ما، در زندگی خود، نیازمند افرادی حکیم و خدا ترس هستیم تا به هنگامی که تصمیمات نابخردانه می‌گیریم، آنقدر ما را دوست داشته باشند که شجاعانه ما را با حقیقت روبرو کنند. در اینجاست که داشتن روحیه‌ای افتاده و فروتن بسیار الزامی است. ما باید مایل باشیم تا به مشورت حکیمانهٔ اینچنین افراد گوش دهیم و اشتباهات خود را بپذیریم.

کتاب امثال سلیمان، کتابی که کتاب حکمت نامیده شده، کتابی است که به دفعات از فواید گوش فرا دادن به نصایح دیگران صحبت می‌کند. آیه‌های زیر به برخی از این فواید اشاره می‌کنند. این فواید را یادداشت کنید.

امثال سلیمان ۹:۹

امثال سلیمان ۱۴:۱۱

امثال سلیمان ۱۵: ۳۱-۳۳

امثال سلیمان ۲۸:۲۶

در ادامهٔ این داستان خواهیم دید که داوود اگرچه در بُرهه‌ای از زمان نسبت به نابال واکنشی نابخردانه نشان داد، اما بعداً او به مشورتی حکیمانه گوش فرا داده و حاضر می‌شود تا رفتار خود را تغییر دهد.

آیا شما نیز این تجربه را داشته‌اید که پس از دریافت مشورتی حکیمانه رفتار خود را تغییر داده باشید؟ نتیجه چه بود؟

دیر یا زود، هر یک از ما با اشخاصی برخورد خواهیم کرد که مانند نابال بدرفتار هستند. اما ما مجبور نیستیم مانند آنها واکنشی نابال وار از خود نشان دهیم. چرا که حتی در وسط

شرایط بحرانی نیز ما می‌توانیم اطمینان داشته باشیم که نه فقط در امنیت کامل هستیم بلکه می‌توانیم شجاعانه و با خداترسی عمل کنیم تا واکنش خداپسندانهٔ ما خدا را جلال دهد.

در نهایت، شما نه مسئول اعمال دیگران هستید و نه پاسخگوی رفتاری که آنها نسبت به شما نشان می‌دهند. شما فقط مسئول آن رفتاری هستید که شما در پاسخ به آنها نشان می‌دهید. با فیض خدا شما قادر خواهید شد تا با وفاداری، به شایستگی، با تشخیص درست، و با حکمت واکنش نشان دهید. و اگر قرار باشد موقعیتی عوض شود، رفتار درست شما می‌تواند پی‌آمد جریانات را کاملاً عوض کند.

کنکاشی عمیق‌تر در کلام خدا

اول یوحنا ۳: ۱۰-۲۴ و ۴: ۷-۲۱ را بخوانید. بر اساس این آیه‌ها «محبت» چه کسی است؟ این شخص برای نشان دادن محبت نسبت به اشخاص شریر چه می‌کند؟ چرا؟ (به آیه‌های اول یوحنا ۳: ۱۶ و ۴: ۹-۱۰ مراجعه کنید.)

در اول یوحنا ۱۲:۳ یوحنای رسول شخصی را به عنوان نمونه مطرح می‌کند که در شرایط دشوار واکنشی اشتباه از خودش نشان داده است. این شخص چه کسی بود؟ او چکار کرده بود؟ چرا؟ آیا شما هم در چنین شرایطی اینچنین خشمگین شده‌اید؟ واکنش شما چه بوده است؟

در این بخش از کلام خدا چه احکامی به ما داده شده است؟ فهرستی از این دستورات تهیه و آنها را در زیر بنویسید. با توجه به دشوارترین رابطه‌ای که با دیگران دارید، کدامیک از این فرمانها را اطاعت نمی‌کنید؟ آنها را با کشیدن یک دایره مشخص کنید. حال که

بی‌اطاعتی‌های خود را مشخص کرده‌اید، این موارد را به خدا اعتراف کنید و از او بطلبید تا شما را ببخشد. و اگر صلاح باشد، به نزد آن شخص بروید و از او نیز طلب بخشش کنید. سپس به منظور اطاعت از راستی، اعتماد خود را بر فیض خدا بنهید.

روز پنجم: در خشم سُست و در محبت سریع باشید

تیطس ۲: ۱۱-۱۲ را بخوانید.

در مطالعهٔ روز دوم این هفته به بررسی ایدهٔ «ایست» پرداختیم. یعنی هنگامی که گرسنه، خشمگین، تنها، و خسته هستیم، اگر پیش از هر اقدامی «ایست» کنیم تا قدم بعدی را با دورنگری برداریم، خود را از واکنش‌های نابخردانه و یا افتادن در گناه حفظ کرده‌ایم.

در عملی کردن «ایست» چه راههای عملی به فکر شما خطور می‌کنند؟

در رابطه با خویشتن‌داری، تیطس ۲: ۱۱-۱۲ چه دیدگاهی ارائه می‌دهد؟

روح‌القدس در گذشته چگونه شما را یاری داد تا با خویشتن‌داری و کنترلِ نفس واکنش نشان دهید؟ بنظر شما در طول این هفته با استفاده از چه راههای عملی شما می‌توانید بهتر به صدای روح‌القدس گوش فرا دهید ... و به این ترتیب به خدا «بله» بگویید و به نفستان «خیر»؟

کنکاشی عمیق‌تر در کلام خدا

اول قرنتیان ۱۳: ۴-۸ را بخوانید.

بخشی که دیروز مطالعه کردیم در مورد تجسم و ظهورِ محبت، یعنی شخص عیسای مسیح بود. هر یک از آیه‌های زیر را که همگی دربارهٔ عیسای مسیح هستند به مشخصاتی که از اول قرنتیان ۱۳ در زیر آمده‌اند وصل کنید.

محبت	یوحنا ۸: ۳۹-۴۰ و ۴۵-۴۶
صبر	متی ۲۰:۲۸
مهربانی	رومیان ۸: ۳۵-۳۹
فروتنی	فیلیپیان ۲: ۵-۸
از خودگذشتگی	عبرانیان ۱۲: ۱-۳
عشق به راستی	اول تیموتاوس ۱:۱۶
تحمل و پایداری	افسسیان ۷:۲

زمانی که محبت کردن به شما دشوار بود، مسیح چگونه محبت خود را به شخص شما نشان داده است؟ آیا جریان خاصی در حافظه‌تان ثبت شده است؟ جزئیات آن را در زیر بنویسید.

بر اساس آنچه این هفته در اول قرنتیان ۱۳ مطالعه کردید، روح‌القدس شما را ترغیب به انجام چه کاری می‌کند تا بهتر بتوانید افراد بدقلق را محبت کنید؟ از خدا فیض بطلبید و آن کار را انجام دهید.

ای پدر، در دنیایی کـه پُر از نابال‌هاست، مـرا فیـض ببخشا تا در خشـم سُسـت باشـم، روحـی آرام و صلـح جـو وارد موقعیت‌هـای پُرتنـش کنـم، و بـا واکنـش خـود نـام تـو را جـلال دهـم. مـرا یـاری کـن تـا بـر وضعیـت احساسـی و جسـمی خـود کنتـرل داشـته باشـم و در صـورت لـزوم آن را متوقـف کنـم. خداونـدا، کمکـم کـن تـا اگـر دوسـتان نزدیکـم تصمیمـات نابخردانـه اتخـاذ می‌کننـد، بتوانـم راسـتی را در محبـت بـه آنهـا بگویـم. و زمانـی کـه دیگـران کوشـش می‌کننـد تـا مـرا بـا راسـتی مواجـه سـازند، مـرا عطـا کُـن تـا بـا روحیـه‌ای پذیـرا حاضـر بـه گـوش دادن باشـم.

آیهٔ حفظی

در طول این هفته بر این آیه تفکر کرده و آن را حفظ کنید.

خداوند تو را از هر بدی حفظ خواهد کرد؛ او حافظِ جان تو خواهد بود! خداوند آمد و شُدِ تو را پاس خواهد داشت، از اکنون و تا به ابد!

مزمور ۱۲۱ : ۷ - ۸

هفتهٔ سوم

تشنج زدایی وضعیت

موضوع هفته : به عنوان یک فرزند خدا، شما می‌توانید مطمئن باشید که او از شما مراقبت و محافظت می کند.

تصور کنید که دربارهٔ وضعیت مالی خانوادهٔ خود خبر بدی دریافت کرده‌اید. واکنش احتمالی شما چه خواهد بود؟ آیا نسبت به وضعیت پیش آمده بی اعتنا بوده و آن را به فراموشی خواهید سپرد؟ آیا ساعتها مشغول شکایت کردن و غُر زدن خواهید بود؟ آیا ترس، نگرانی و افسردگی شما را از پای در خواهد آورد؟ و یا اینکه در مورد این موضوع بلافاصله دعا خواهید کرد؟ و سپس، با قوت خدا قدمهای ضروری برخواهید داشت؟

واکنش ما نسبت به هر موقعیتی در واقع تراوشی است که وضعیت قلب ما را آشکار می‌کند. (لوقا ۶:۴۵). اما اگر امنیت خود را در شخصی ببینیم که بر قلب ما سروری می‌کند، او - یعنی عیسای مسیح خداوند - عطا می‌کند تا در رویارویی با هر موقعیتی واکنشی متفاوت‌تر نشان دهیم.

در مطالعهٔ این هفته خواهیم دید که ابیجایل با شنیدن خبر وحشتناکی که می‌توانست او و همهٔ خانواده‌اش را از بین ببرد، چه واکنشی نشان داد.

روز اول: یک زن حکیم و فهمیده

اول سموئیل ۲۵: ۱۴-۳۱ را بخوانید.

این بخش را به اختصار در زیر بازنویسی کنید. عبارات و کلمات کلیدی را با یک دایره مشخص کنید.

چرا باید یکی از خادمین نابال به نزد ابیجایل برود و آنچه را که بین نابال و داوود اتفاق افتاده بود به ابیجایل گزارش دهد؟

این خادم، در آیه‌های ۱۴-۱۷، رفتار داوود با شبانان نابال را چگونه توصیف می‌کند؟ او شخصیت و واکنشِ نابال را چگونه توصیف می‌کند؟

ابیجایل بین دو مرد گرفتار شده بود؛ یکی متکبر و دیگری خشمگین. مرد اول شوهرش نابال و مرد دوم داوود، پادشاه آیندهٔ اسرائیل بود. [شخصیت و رفتار] ابیجایل کاملاً متفاوت بود. در مقایسه با واکنش داوود نسبت به نابال، واکنش ابیجایل متفاوت بود. ابیجایل، در پاسخ به افراد احمق در زندگی‌اش، احمقانه رفتار نکرد.

به اول سموئیل ۳:۲۵ مراجعه کنید. در این آیه شخصیت ابیجایل چگونه توصیف شده است؟

روشی که ابیجایل برای حل این بحران بکار می‌برد، چه چیزی را دربارهٔ قلب او برملا می‌کند؟

واژهٔ «فهمیده» [و یا «دانا» و «نیک فهم» و «با هوش»] بیانگر قضاوت درست و داشتن درک عالی از مسائل است. بنابراین، زن حکیم و فهمیده زنی است که در بحرانها درکی عمیق و قضاوتی درست از مسائل پیش آمده دارد.

آیا شما در اطراف خود زنی را می‌شناسید که اینچنین زن حکیم و فهمیده‌ای باشد؟

ابیجایل شاهد به جوش آمدن برخورد ستیزه جوی شوهرش و داوود بود؛ مردانی که هر دو احمقانه رفتار می‌کردند. اما ابیجایل، در این میان، با فهم عمل کرد و به همین دلیل، واکنش او بسیار متفاوت بود. ابیجایل در واکنش به این بحران چه‌ها می‌کند و چه‌ها نمی‌کند؟ پاسخ خود را در نمودار زیر درج کنید.

ابیجایل در واکنش به این بحران چه می‌کند؟	ابیجایل در واکنش به این بحران چه نمی‌کند؟

آیا موارد زیر در نمودار شما درج شده است؟

ابیجایل نمی‌گذارد که ترس او را فلج کند. اگرچه [به احتمال بسیار زیاد] ابیجایل درون خود احساس ترس می‌کرد، اما او اجازه نداد که احساسِ ترس او را از انجام آنچه درست و حکیمانه بود باز دارد.

بر خلاف نابال که به هیچکس گوش نمی‌داد، **ابیجایل به هشدار خادم خود گوش داد و آن را جدّی تلقی کرد.**

ابیجایل عکس‌العملی منفعلانه از خود نشان نمی‌دهد. **او دست روی دست نمی‌گذارد تا همه چیز خود بخود حل شود.** برعکس، او دست بکار می‌شود. ابیجایل خیلی سریع، با حکمت، با آرامش، و مصمم وارد عمل می‌شود. او با انضباط و سازماندهی، خود را برای این موقعیت اضطراری آماده کرده بود. زنی که روزانه با خدا راه می‌رود، غافلگیر نمی‌شود ... او آماده است تا در مواقع اضطراری حکیمانه عمل کند. اما انتظار نداشته باشید که به محض ورود به شرایط بحرانی، یک شبه تبدیل به زنی حکیم شوید. اگر در حال حاضر در فهم و حکمت خدا بطور روزانه رشد نمی‌کنید، موقعیت‌های بحرانی شما را به آسانی غافلگیر خواهند کرد. در آن لحظه، شما برای پیدا کردن مسیر درست، خود را خالی از فهم و حکمت الاهی خواهید یافت.

و در ضمن، ابیجایل با حکمت تشخیص داد که **چه موقعی صحبت کند و چه موقعی سکوت اختیار کند.** کتاب‌مقدس ابتدا به تشریح تمام راه‌هایی می‌پردازد که ابیجایل برای تشنج زدایی این بحران آماده کرده بود. سپس اضافه می‌کند: «اما [ابیجایل] در این باره به شوهر خود نابال چیزی نگفت» (آیهٔ ۱۹). قریب به یقین ابیجایل می‌دانست که نابال در آن لحظهٔ خاص در شرایطی نیست که به گفتهٔ همسرش گوش داده و آن را بفهمد. پس ابیجایل بسیار حکیمانه عمل کرد و در آن زمانِ خاص به شوهرش نابال چیزی نگفت.

ابیجایل می‌دانست که **با چه کسی باید صحبت کند.** او می‌دانست که داوود قلبی موافق قلب خدا دارد. این حقیقت ابیجایل را قانع کرد که داوود به او گوش خواهد داد.

بنظر شما چگونه ابیجایل توانست در این بحران، واکنشی با خصوصیات مذکور در زیر از خود نشان دهد؟

شهامت

فروتنی

آرامش

احترام

تسلط بر اوضاع

شفافیت

وقار و متانت

خلوص

چه شواهدی از شخصیت مسیح در سخنان و اعمال ابیجایل دیده می‌شود؟

_____

_____

_____

آیا شما امروز با شرایطی بحرانی روبرو هستید؟ بحرانی بزرگ یا بحرانی کوچک؟ در واکنش خود نسبت به این بحران‌ها، شما چگونه می‌توانید از نمونهٔ ابیجایل پیروی کنید؟

_____

_____

_____

کنکاشی عمیق‌تر در کلام خدا

مزمور ۱۲۱ را بخوانید. در ابتدای این مزمور نوشته شده که این مزمور یک «سرود صعود» است. این مزمور سرودی است که اسرائیلیان در راه سفر به معبد اورشلیم می‌سرودند. شهر اورشلیم بر روی کوه (یا تپه) بنا شده بود و آنها می‌بایستی برای رسیدن به اورشلیم از آن ارتفاعات بالا می‌رفتند. بنی اسرائیل این مسیر را سرودخوانان طی می‌کردند تا بدین وسیله به یاد آورند که خدا کیست.

آیا شما نیز برای «برافراشتن چشمان خود به بالا» سرودهای خاصی می‌سرائید؟ اگر بله، سرودهای شما بر کدام خصائل و حقایقی از خدا و شخصیت او تمرکز دارند؟

_____

_____

_____

آیا سرودهای شما وجه مشترکی با این مزمور [مزمور ۱۲۱] دارند؟

_____

_____

_____

معبد اورشلیم یادآور فیزیکی حضور خدا برای بنی اسرائیل بود؛ حضوری که می‌توانستند ببینند، لمس کنند، و تجربه نمایند. آیا شما نیز اینچنین سمبل‌هایی در زندگی خود دارید؟ سمبل‌هایی که یادآور حضور مسیح در زندگیتان باشند؟ سمبل‌هایی که از طریق شنیدن، چشیدن، تماس، بوئیدن، و یا دیدن قلب شما را به سوی مسیح سوق دهند؟ اما اگر پاسخ شما منفی است، چه چیزی می‌توانید به خانه و یا محل کار خود اضافه کنید تا شما را در اینگونه یادآوری کمک کند؟

یک فهرست از عبارات و کلماتی تهیه کنید که خداوند و اعمالش را در این مزمور تشریح می‌کنند. در روزهای آینده آنها را عمیق‌تر مطالعه خواهیم کرد.

روز دوم: آیا ابیجایل یک زنِ مطیع بود؟

افسسیان ۵: ۲۲-۲۴ را بخوانید.

ابیجایل رفتار شوهر خود را توجیه نکرد. قضاوت ابیجایل در مورد رفتار نابخردانهٔ شوهرش هم صادقانه بود و هم محترمانه. مشخص است که هدف ابیجایل در هم شکستن شخصیت شوهرش یا جمع کردن طرفدار برای خودش نبود. بلکه برعکس، هدف او این بود که منطق و حکمت خدا را به این شرایط بحرانی تزریق کند.

شاید در خواندن داستان ابیجایل از خود پرسیده باشید: آیا ابیجایل مطیع شوهر خود بود؟ مگر نه این که او بدون مطلع ساختن شوهرش برای داوود و همراهانش خوراک بُرد؟ آیا از میان کلماتی که دربارهٔ شوهرش به داوود می‌گوید بی‌احترامی تراوش نمی‌کند؟

بیایید موضوع اطاعت و سرسپردگی را در تصویر بزرگترش بررسی کنیم.

خـدا نظـم و ترتیـب، رهبـری و پیشـوایی، اقتـدار و نفـوذ، و اطاعـت و سرسـپردگی را در تمـام حوزه‌هـای زندگـی آدمـی از قبیـل خانـواده، کلیسـا، محـل کار، و دولـت مقـرر کـرده اسـت. اطاعـت و سرسـپردگی موضوعـی نیسـت کـه تنهـا مختـص بـه زنـان شـود. ایـن موضـوع بـه مـردان هـم مربـوط می‌شـود ... جوانـان، پیـران، متأهـلان و مجردیـن و بالاخـره همـهٔ طبقـات را نیـز در بـر می‌گیـرد. زندگـی زمینـی مـا آدمیـان ایجـاب می‌کنـد کـه مـا بایـد از یـک یـا چنـد نفـر دیگـر بـه عنـوان افـراد صاحـب اقتـدار و نفـوذ اطاعـت کنیـم. و در نهایـت، همـهٔ مـا موظفیـم کـه از خـدا کـه صاحـب اقتـدارِ مطلـق و نهایـی اسـت اطاعـت کنیـم.

بـا استفاده از نمـودار زیـر آنچـه را کـه کلام خـدا دربـارهٔ موضـوع اطاعـت و تسـلیم بـه مـا می‌آموزد بنو یسید .

دستورالعمل کلام خدا برای همهٔ ایمانداران مسیحی	دستورالعمل کلام خدا برای زنان (همسر) مسیحی
یعقـوب ۷:۴ ______	کولسـیان ۱۸:۳ ______
افسسـیان ۵ : ۲۱ ______	افسسـیان ۵ : ۲۲-۲۴ ______
اول پطـرس ۲: ۱۳-۱۴ ______	اول پطـرس ۳: ۱-۲ ______
عبرانیـان ۱۷:۱۳ ______	اول پطـرس ۳: ۵-۶ ______

مطیع بودن زنان به این معنی نیست که:

- مردان برتر از زنان هستند.
- زنـان نمی‌تواننـد عقایـد و نقطـه نظـرات خـود را ابـراز کننـد.
- هـر چـه مـردان بگوینـد و یـا انجـام دهنـد همیشـه درسـت اسـت.
- زنـان بایـد چشـم خـود را بـر گناهـان آنانـی کـه در زندگیشـان در موقعیـت رهبـری و اقتـدار قـرار دارنـد ببندنـد.
- زنانـی کـه مـورد آزار و سؤاسـتفاده قـرار گرفته‌انـد، نبایـد از شـبانان و مقامـات دولتـی کمـک بخواهنـد.
- زنـان بایـد از همـهٔ مـردان دنیـا اطاعـت کننـد. (خیر! یـک زن فقـط بایـد از مـردی اطاعـت کنـد کـه خـدا او را در زندگـی‌اش بـه عنـوان سـر و رهبـر قـرار داده اسـت.)
- آنانـی کـه در مقـام رهبـری و اقتـدار قـرار دارنـد، مجازنـد تـا افـراد تحـت اقتـدار خـود را آزار و تحقیـر کـرده و یـا مـورد سؤاسـتفاده و بی‌احترامـی قـرار دهنـد.

خدا مسـئولیت رهبـری (بـه قـول کلام خـدا، مسـئولیت سـر بـودن) در زندگـی زناشـویی و کلیسـا را بـه مردان داده اسـت. مـردان مسـئول رهبـری، مراقبـت، محافظـت و تـدارک بـرای زنانـی هسـتند کـه تحـت مراقبـت آنهـا قـرار دارنـد. مـردان مسـئول هسـتند تـا رهبـری خـود را محبتانـه، بـا فروتنـی، و بـا قلبـی خـادم گونـه انجـام دهنـد. و در مقابـل، مسـئولیت مـا زنـان نسـبت بـه رهبـری همسـر خـود ایـن اسـت کـه بـا فروتنـی واکنـش نشـان داده، از اقتـداری کـه خـدا در زندگـی مـا مقـرر کـرده اسـت پیـروی و اطاعـت کنیـم. البتـه ایـن بـه هیـچ وجـه بـدان معنـی نیسـت کـه ما کـم فهم، ضعیـف، و بـی‌اراده هسـتیم. بلکـه واقعیـت ایـن اسـت کـه سرسـپردگی [مطابـق بـا نمونـه‌ای کـه کتاب‌مقـدس ارائـه می‌دهـد] و اطاعـتِ درسـت نیازمنـد حکمتـی خارق‌العـاده و شـخصیتی قـوی اسـت.

شـما چگونـه اطاعـت و سرسـپردگی را تعریـف می‌کنیـد؟ ایـن تعریـف را در زیـر یادداشـت کنیـد. آیـا از زمانـی کـه بـه مسـیح ایمـان آورده‌اید، دیـدگاه شـما بـه موضـوع اطاعت و تسـلیم عـوض شـده اسـت؟ اگـر بلـه، چگونـه؟

____

____

____

در حالـی کـه از خـود می‌پرسـیم کـه آیـا ابیجایـل نسـبت بـه شـوهر خـود مطیـع بـود یـا نـه، بایـد ایـن نکتـه را نیـز در نظـر داشـت کـه ابیجایـل تعلیـم عهـد جدیـد را (کـه مـا از امتیـاز داشـتن آن برخورداریـم) در اختیـار نداشـت. بنابرایـن او لزومـاً نمی‌توانـد نمونـه‌ای کامـل از سـلوک یـک زن ایمانـدار (در معنـای عهـد جدیـدی) باشـد.

بر حسب آنچه تا بحال مورد بحث و مطالعه قرار دادیم، آیا بنظر شما ابیجایل زنی مطیع محسوب می‌شود؟ چرا بله؟ چرا خیر؟

_____

_____

_____

کنکاشی عمیق‌تر در کلام خدا

مزمور ۱۲۱: ۱-۲ و ایوب ۳۸-۳۹ را بخوانید. مزمور ۱۲۱:۲ چگونه خدا را که منشأ هر گونه کمک و یاری شماست، توصیف می‌کند؟

_____

_____

در متن موجود در ایوب، چه توصیفی از قدرت، حاکمیت مطلق، و حکمت خدا برای شما غیر قابل درک است؟ چه حقیقتی بیش از همه شما را تسلی و دلگرمی می‌دهد؟

_____

_____

با توجه به دو متن بالا، در مقابل خدایی که خود را به عنوان آفریننده‌ای قادر مطلق مکشوف کرده که به یاری شما می‌شتابد، چه واکنشی نشان می‌دهید؟ واکنش خود را بصورت دعا بنویسید.

_____

_____

_____

_____

روز سوم: دیدن تصویر بزرگ (بخش اول)

اوّل سموئیل ۲۵: ۲۸-۲۹ را بخوانید.

ابیجایل در صحبت با داوود، با احترام او را «آقایم» (یا «سرورم») خطاب می‌کند. و سپس در صحبت خود از نام «خداوند» استفاده می‌کند (که آن هم به معنی سرور است). ابیجایل می‌دانست که داوود، بر خلاف نابال، شخص خداترسی بود که برای خدا دل داشت. بنابراین از او التماس می‌کند که به این موضوع از دید خدا نگاه کند.

دوباره به آیه‌های ۲۸-۲۹ مراجعه کنید. دور کلمهٔ «خداوند» دایره بکشید. زیر کلمهٔ «آقا» (سرور) خط بکشید.

> «زیرا خداوند به یقین خاندان سرورم را پایدار خواهد ساخت. چرا که او در جنگهای خداوند می‌جنگد، و مادام که در قیدِ حیات هستی، بدی در تو یافت نخواهد شد. اگر کسی به قصد جانت برخیزد و تو را تعقیب کند، همانا جانِ سرورم پیچیده در قنداقهٔ حیات نزد یهوه خدایت محفوظ خواهد بود. اما او جان دشمنانت را بسان سنگی که از میان فلاخن پرتاب شود، به دور خواهد افکند.» (آیه‌های ۲۸-۲۹)

بر اساس آیهٔ ۲۹، اگر داوود همچنان به خدا اعتماد و توکل می‌کرد، چه اتفاقی برای او می‌افتاد؟

_____

_____

چه بر سر شریرانی که با داوود دشمنی می‌کردند می‌آمد؟

_____

_____

_____

ابیجایل در اینجا داوود را به چالش می‌کشد تا او به تصویر بزرگ نقشهٔ خدا نگاه کند و بدی را با بدی پاسخ ندهد. ابیجایل تأیید کرد که داوود در جنگهای خداوند مشغول به جنگیدن است. ابیجایل به داوود یادآوری می‌کند که محافظت و مراقبت دائمی خدا همواره با آنانی است که به او تعلق دارند، اما مجازات و داوری او در انتظار کسانی است که با خدا و با آنانی که به او تعلق دارند دشمنی می‌کنند.

از چه طریقی شاهد این دو اصل در طول کلام خدا هستید؟

_____

_____

سخنان ابیجایل در آیهٔ ۲۹ را در زیر بنویسید.

_____

_____

عبارت «پیچیده در قنداقهٔ حیات» اشاره به عملی بود که مردم برای محافظت از اموال قیمتی و با ارزش خود (مثل پول و جواهر) انجام می‌دادند. اگر شما فرزند خدا هستید، این آیه موقعیت شما در مسیح را تشریح می‌کند. زندگی شما در قنداقه‌ای پیچیده شده است که خدا آن را با توجهات و تدارکات الاهی خویش تحت مراقبت دائمی قرار داده است. او شما را در جایگاهی خاص قرار داده و در مسیح پیچیده است؛ جایگاهی بسیار امن.

چگونه آیه‌های زیر شما را اطمینان می‌بخشند که شما تحت مراقبت و محافظت خدا قرار دارید؟

دوم سموئیل ۲۲: ۳-۴

_____

اشعیا ۴۱:۱۰

_____

یوحنا ۱۰: ۲۸-۳۰

_____

ابیجایل زنی بود که می‌دانست که معنای محافظت و مراقبت خدا در شرایط سخت و دشوار چیست. او کاملاً این حقیقت را چشیده بود که در خلال زندگی زناشویی دشوار و غم‌انگیزش، چگونه خدا همانند قنداقهٔ حیات خود از او مراقبت کرده بود. ابیجایل قادر به گریز از شرایط دشوار زندگی خود نبود، اما اطمینان داشت که دروناً جان او در امنیت بود. به همین دلیل او می‌توانست با اطمینان به داوود بگوید: «علیرغم هرگونه نابالی که در زندگی خود با او مواجه شوی، زندگی تو مثل قنداقهٔ حیات در دست خدا پیچیده شده است.»

اگر شما فرزند خدا هستید، شما در حفاظت ابدی او پیچیده شده‌اید. شما نیز علیرغم همهٔ مشکلاتی که موقتی هستند و امروز گریبانگیر شما شده‌اند، می‌توانید با دانستن این حقیقت آرام گیرید که او برای همیشه از شما محافظت خواهد کرد. هیچ ضرر و زیانی (چه آن را پیش روی خود ببینید و چه درون آن باشید) وجود ندارد که او نتواند شما را از آن برهاند. در خلال همهٔ جزئیات زندگی شما، چشمان او بر شما است و از شما محافظت می‌کند.

هنگامی که خود را در محبت خدا «قنداقه شده» می‌بینید، چه تصویری در فکر شما نقش می‌بندد؟ آن را در زیر تشریح کنید.

دانستن این حقیقت که شما در بقچهٔ محافظت ابدی مسیح پیچیده شده‌اید، چگونه شما را دلگرم می‌کند؟

کنکاشی عمیق‌تر در کلام خدا

مزمور ۱۲۱ و خروج ۱:۳ تا ۱۷:۴ را بخوانید.

آیا تا به حال به نام خدا که در مزمور ۱۲۱ استفاده شده است توجه کرده‌اید؟ واژهٔ عبری «خداوند» همان «یهوه» است. «یهوه» نام شخصی خداست که از آن طریق او را می‌شناسیم: «هستم آنکه هستم.» به قاموس کتاب‌مقدس مراجعه کنید. چه توضیحی در آنجا برای «یهوه» داده شده است؟

اگرچه خدا، هنگام فرستادن موسی به سوی فرعون و مصریان و اسرائیلیان، او را به موقعیتی غیر ممکن خوانده بود، اما او خود را با نامش [«من هستم»] شناسانید، وعده داد تا با موسی بوده و کلام خود را به او بدهد، و در نهایت اسرائیل را نجات دهد. شما در شرایطی که قرار دارید خود را نیازمند چه چیزی می‌بینید؟ نیازمند سخنان خداوند؟ نیازمند وعده‌هایی که به شما قوت قلب داده و استوار نگاه دارند؟ نیازمند حضور خدا؟ و یا نیازمند به تغییر چیزی؟ در دعا از خداوند «یهوه» بطلبید تا نیاز شما را در برخورد با افراد بد طینت و دشوار برآورده سازد.

این واقعیت که یهوه خدای یاری‌دهندهٔ شماست چگونه در دل شما امید می‌آفریند؟ در بارهٔ امیدی که دارید در زیر بنویسید و آن را با دوستان خود و یا با گروهی که با آنها این کتاب را مطالعه می‌کنید در میان بگذارید.

روز چهارم: دیدن تصویر بزرگ (بخش دوم)

مکاشفه ۶:۱۰ را بخوانید.

ابیجایل نه تنها به داوود یادآوری می‌کند که او تحت مراقبت و توجه خدا قرار دارد، بلکه بر این موضوع هم تأکید می‌کند که دشمنان خدا بزودی با داوری او روبرو خواهند شد و همانند سنگی که از فلاخن رها شود، از حضور خدا بیرون افکنده خواهند شد. ما نیز باید این موضوع را به خود یادآوری کنیم.
به حقایق زیر خوب توجه کنید.

اول، اگر ما مسیح را به عنوان تنها راه نجات خود نمی‌شناسیم، ما نیز سزاوار هستیم تا بخاطر گناهانمان داوری شده و همانند سنگ فلاخن به دور انداخته شویم.

مزمور ۳:۱۴ و رومیان ۳:۲۳ و افسسیان ۲: ۱-۳ را بخوانید. این آیه‌ها به ما چه می‌آموزند؟

مسیح راهی برای ما فراهم کرد تا از داوری مهیب و سهمگین خدا رهایی یابیم. و این راه اعتماد کردن به مسیح خداوند به عنوان تنها نجات‌دهنده است. یوحنا ۳:۱۶ و رومیان ۵:۸ و ۱۰: ۹-۱۰ را بخوانید. این آیه‌ها به ما چه می‌آموزند؟

دوم، خدا با همهٔ نابال‌های این دنیا برخورد خواهد کرد. چه این نابال همسر شما باشد، چه همسایهٔ شما باشد، چه رئیس شما باشد، و چه یکی از اعضای کلیسای شما باشد ... روزی خواهد رسید که همهٔ این نابال‌ها با داوری خدا و عدالت او روبرو خواهند شد.

امثال ۲۱:۱۱ را بخوانید و آن را در زیر یادداشت کنید.

دانستن این واقعیت که خدا نابال‌های این دنیا را داوری خواهد کرد، چگونه شما را در رویارویی با توهین‌ها و اتهاماتِ دروغین و بی‌انصافی‌ها یاری می‌دهد؟

شاید بنظر آید که شرایط دشواری که یک نابال در زندگی شما بوجود آورده شرایط اسفناکی است که هرگز به پایان نخواهند رسید. شاید سالهاست که با یک شوهر بی‌ایمان زندگی می‌کنید. شاید زیر دست رئیسی غیرمنطقی و بدخو کار می‌کنید و هرچند آرزو دارید که از این شغل هرچه زودتر خلاص شوید، اما متأسفانه خدا هیچ دری برای داشتن یک شغل جدید برای شما باز نکرده است. شاید همسایهٔ دیوار به دیوار شما عرصه را بر شما تنگ کرده و باعث شده که حتی در چهار دیواری خانهٔ خود نیز آرامش نداشته باشید.

و با تمام وجود می‌پرسید: «خدایا، تا به کِی؟ چه زمانی تو به این وضعیت رسیدگی خواهی کرد؟ چه روزی عدالت و انصاف خود را نشان خواهی داد؟» این همان فریاد و ناله‌ای است که آن را در کتاب مکاشفه از زبان آنانی می‌شنویم که در آسمانند و می‌گویند: «ای سرورِ مُقتدر، ای قدّوس، ای بر حقّ، تا به کِی از داوری زمینیان و گرفتن خون ما از آنان باز می‌ایستی؟» (مکاشفه ۶:۱۰)

شما این آیه را چگونه می‌نوشتید؟ آن را به صورت یک دعا در زیر بنویسید.

ما واقعاً نمی‌دانیم که چقدر طول خواهد کشید تا روز داوری برسد. اما بر حسب کلام خدا این را می‌دانیم که او با روشهای خود و در وقت معین خود شریران را از فلاخن رها کرده، آنان را دور افکنده و به نابودی خواهد سپرد. در عین حال، شما باید خاطر جمع باشید که زندگی شما «پیچیده در قنداقۀ حیات نزد یهوه خدا محفوظ خواهد بود.»

کنکاشی عمیق‌تر در کلام خدا

مزمور ۱۲۱ را بخوانید. در این مزمور ما دریافتیم که خدا حافظ ماست. [در ترجمه‌های مختلف شاهد کلمات دیگری مانند «پشتیبانی» و «حمایت» و«یاری» و ... خواهید بود.] با نگاهی دقیق به این مزمور، واژۀ «حفاظت» و یا مترادف آن چند بار بکار گرفته شده است؟ ـــــــــ

بر اساس این مزمور خدا چه چیزی را حفظ می‌کند؟ و او شما را از چه چیزهایی حفظ می‌کند؟ در اینجا فهرستی از این موارد تهیه کنید.

_____

_____

_____

شما نیاز دارید که یهوه چه چیزی را حفظ کند؟ شما نیاز دارید که خدا شما را از چه چیزی حفظ کند؟ با در نظر داشتن احتیاجات و ترسهای خود، این مزمور را با کلمات خود بازنویسی کرده و آن را به عنوان دعای شخصی خود به حضور خدا بیاورید.

_____

_____

_____

_____

روز پنجم: قنداقهٔ پیچیده شده‌ای در خداوند

اول سموئیل ۲۵: ۲۸-۲۹ را بخوانید.

در مطالعهٔ این هفته دیدیم که ابیجایل دو حقیقت در مورد خدا را به داوود یادآوری می‌کند. اول اینکه زندگی داوود همچون قنداقهٔ پیچیده شده‌ای است که در دستان خدا محفوظ می‌باشد. دوم آنکه دشمنان داوود به سان سنگی که از میان فلاخُن پرتاب شود «به دور افکنده خواهند شد».

شما، در زندگی شخصی خود، از چه طریقی می‌توانید این دو حقیقت را به خود یادآوری کنید؟

اگر حقیقت به درون قلب شما ریشه دوانیده باشد، و اگر دیدگاه خود نسبت به خدا را بر اساس آنچه کتاب‌مقدس دربارهٔ او می‌گوید نهاده باشید، آرامش خواهید داشت زیرا می‌دانید که خدا شما را دوست دارد، او به جزئیات زندگی شما اهمیت می‌دهد، و در برابر هر بی‌عدالتی که بر ضد شما صورت گیرد، از شما مراقبت خواهد کرد.

داشتن دیدگاه درست دربارهٔ خدا بر چگونگی رابطهٔ ما با دیگران اثر می‌گذارد. در رابطه‌ای که با افراد خانوادهٔ خود دارید، داشتن این دیدگاه چگونه می‌تواند شما را از رفتارهای نابال‌وار برحذر دارد؟ در برخورد با رئیس و یا همکارتان چطور؟ در رابطه با دوستان، همسایگان و اعضای کلیسا چطور؟

امروز وقت مشخصی را به شکرگزاری اختصاص داده و خدا را بخاطر اینکه شما را «قنداقهٔ پیچیده شدهای در مسیح» کرده است تمجید کنید. برای این منظور یک سرود ستایشی بسرائید، یک شعر بنویسید، یک نقاشی بکشید، و یا انجام هر عملی که میتواند بیانگر شکرگزاریهای شما باشد. سپس در زیر بنویسید که چگونه روشی که برای شکرگزاری انتخاب کردید شما را کمک کرد تا تمرکز زندگی خود را نه بر شرایط دشوار، بلکه بر خدا بنهید.

کنکاشی عمیقتر در کلام خدا

مزمور ۱۲۱: ۳-۷ را بخوانید.

مزمور نویس با صداقت به ترسهای خود اشاره میکند: لغزشها، تاریکیِ شب، شرارت، مرگ، و غیره. در طول مطالعهٔ زندگی ابیجایل، و با دیدن اینکه خدا چگونه ما را در رویارویی با افراد بدقلق یاری میکند، آیا شما نیز صادقانه، ترسهای خود را با خدا مطرح کردهاید؟ بر این موضوع قدری وقت صرف کنید، و همهٔ این ترسها را در نمودار زیر در ستون سمت راست یادداشت کنید.

در ستون سمت چپ، در مقابل هر ترسی که در ستون سمت راست به آن اشاره کردید، به شخصیت خدا، یعنی آنچه او است و آنچه او در برابر هر یک از این ترسها انجام میدهد، اشاره کنید.

درون محیط مستطیل شکلی که پائین این نمودار فراهم شده، همهٔ حقایقی را که این مزمور دربارهٔ خدا میگوید در یک جمله خلاصه کنید. این جمله را در جایی نصب کنید که همه وقت بتوانید آن را ببینید ... تا به این ترتیب به یاد آورید که چگونه یهوه، این آفرینندهٔ همیشه ناظر، شما را در رویارویی با اشخاص دشوار و بدقلق «از هر بدی حفظ» میکند.

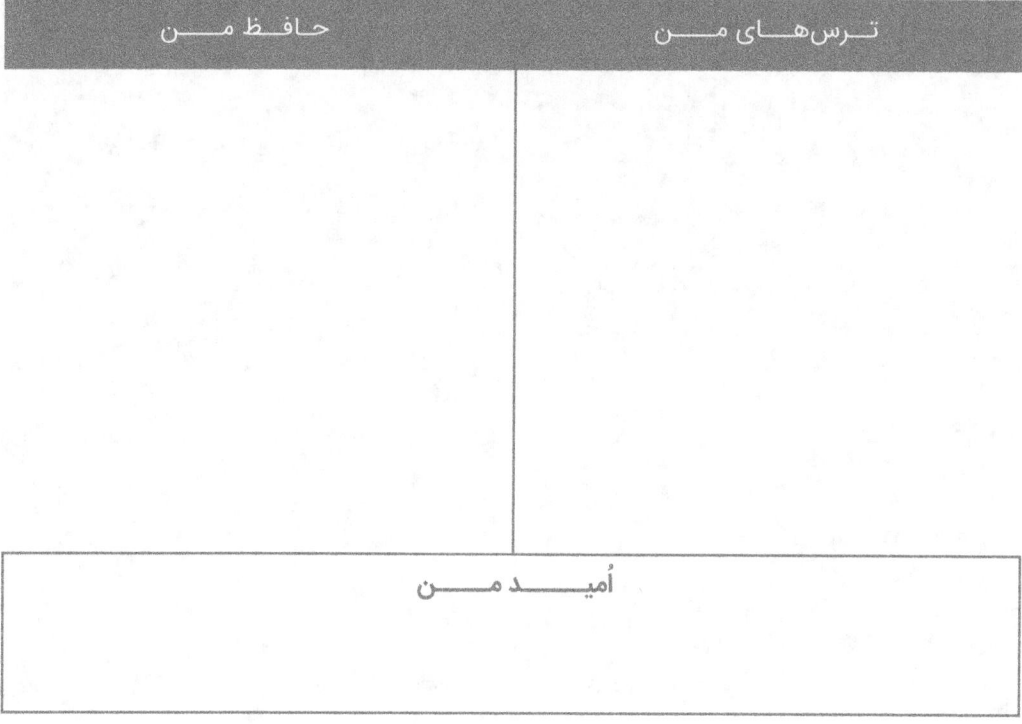

ترس‌های من	حافظ من

اُمید من

خداوندا، من خواهانم که در رویارویی با بحرانهای زندگی کلامم عاقلانه و واکنشم با تشخیص و حکمت باشد. مرا یاری کن تا این نوع حکمت را در شرایط آرامِ زندگی در خود پرورش دهم تا به هنگام بروز بحران آماده و مجهز باشم. به من یادآوری کن که هر روز بر تصویر بزرگ نقشهٔ تو برای زندگی‌ام تمرکز کنم. حتی اگر بنظر آید که شرایط دشوار زندگی تغییر نخواهند کرد و آنانی که بر ضد من هستند هرگز داوری نخواهند شد، مرا یاری نما تا در وعدهٔ تو آرام گیرم. تو گفته‌ای که زندگی من در قنداقه حیات تو ایمن و محفوظ است.

آیهٔ حفظی

در طول این هفته بر این آیه تفکر کرده و آن را حفظ کنید.

نجاتِ پارسایان از خداوند می‌رسد؛

اوست قلعه ایشان در زمان تنگی.
خداوند ایشان را یاری می‌دهد و می‌رهاند؛
ایشان را از چنگ شریران رهایی می‌بخشد و
نجات می‌دهد، زیرا که در او پناه می‌جویند.

مزمور ۳۷ : ۳۹ - ۴۰

هفتهٔ چهارم

خـــدا داور است

موضوع هفته : شما می‌توانید به خدا اعتماد کنید زیرا او می‌داند چگونه با افراد مشکل برخورد کند.

داستان زیر بیشتر به یک فیلم سینمایی شباهت دارد:

قهرمانـی خـوش قیافـه و جـذاب در حـال فـرار از دسـت مـردی قدرتمنـد و حسـود اسـت. او بـه همـراه تعـدادی از دوسـتان وفـادارش فقـط در پـی حفـظ جـان خـود هسـتند. در ایـن مسـیر فـرار، قهرمـان داسـتان توقـف می‌کنـد تـا یـک تاجـر محلـی را کمـک کنـد امـا از پشـت خنجـر می‌خـورد.

قهرمـان داسـتان، از فـرط خشـم و عصبانیـت، دوسـتانش را فـرا می‌خوانـد تـا او را در مبـارزه بـا ایـن ضـارب یـاری داده و بـه اصطـلاح حقـش را کـف دسـتش بگذارنـد و حـس انتقام‌جویی‌شـان ارضـا شـود ...

اگـر ایـن داسـتان قسـمتی از یـک فیلـم سـینمایی باشـد، انتظـار مـا ایـن اسـت کـه قهرمان داسـتان از دشـمنانش انتقـام بگیـرد و تماشـاچیان در حـال تشـویق و هـورا کشـیدن باشـند! چـرا؟ زیـرا مـا در دنیایـی زندگـی می‌کنیـم کـه انتقامجویـی یکـی از محسـنات محسـوب می‌شـود. امـا ایـن مسـائل از دیـدگاه خـدا و در معـادلات او صورتـی کامـلاً متفـاوت دارد. بطـور مثـال، بجـای آنکـه در پـی انتقـام گرفتـن باشـیم، بایـد درک کنیـم کـه «انتقـام از آنِ خداونـد اسـت؛ اوسـت کـه سـزا خواهـد داد.»

در داسـتانی کـه نویسـندهٔ آن خـدا اسـت، قهرمـانِ مـا کـه در پـی انتقـام اسـت، بـا بیـاد آوردن ایـن حقیقـت کـه انتقـام از آنِ خداسـت، چـه واکنشـی نشـان خواهـد داد؟ بیاییـد پاسـخ ایـن پرسـش را در مطالعـهٔ ایـن هفتـه بجوییـم.

روز اول: انتقام گرفتن را به خدا واگذار

اول سموئیل ۲۵: ۳۰-۳۸ را بخوانید.

در مطالعهٔ هفتهٔ پیش ما دیدیم که ابیجایل به نزد داوود می‌رود تا از او التماس کند که شوهر و خانواده‌اش را هلاک نکند. وجود حکمتِ عظیم و تشخیصِ الاهی در دو مورد مشهود است: در چگونگی واکنش او نسبت به نابال، و در روشی که داوود را تشویق کرد تا با نگرش به تصویری بزرگ‌تر، محافظت و مراقبت خدا در زندگی خودش را ببیند.

و حالا به بخش پایانی درخواست ملتمسانهٔ ابیجایل می‌رسیم. آیه‌های ۳۰-۳۱ را دوباره بخوانید و سپس با کلمات خود درخواست او از داوود را به اختصار بنویسید.

_____

_____

چرا ابیجایل داوود را مصرانه تشویق می‌کند که به جای گرفتن انتقام، بگذارد خدا با نابال برخورد کند؟

_____

_____

ابیجایل قبلاً هم در آیهٔ ۳۶ مطلب مشابهی را به داوود خاطر نشان کرده بود: «حال ای سرورم، به حیاتِ خداوند و به جانِ تو سوگند، از آنجا که خداوند تو را از خونریزی باز داشته و نگذاشته به دست خود انتقام بگیری ...» عبارتِ «به دست خود انتقام بگیری» واضحاً اشاره به انتقام‌جوئی و گرفتن زمام امور به دست خود می‌کند. ابیجایل به داوود هشدار می‌دهد که او باید دست نگاه دارد و بگذارد که خدا این مسئله را حل کند.

این موضوع به روشنی در عهد جدید نیز به چشم می‌خورد. آنچه را رومیان ۱۲: ۱۷-۱۸ تعلیم می‌دهد در زیر بنویسید.

_____

_____

عکس‌العمل ناشایستهٔ نابال نسبت به داوود نشان می‌دهد که افرادی وجود دارند که نسبت به بهترین تلاش‌های شما برای داشتن یک زندگی مصالحه‌آمیز با آنان واکنش درستی نشان نخواهند داد. داوود مردان خود را فرستاد تا به نابال بگویند: «عمرت دراز باد! سلامتی بر تو ... باد!» اما متأسفانه نابال علاقه‌ای به این نوع سلامتی نداشت.

پس اگر مردم نمی‌خواهند با شما رابطه‌ای صلح آمیز داشته باشند، شما چه باید بکنید؟ برای برداشتن قدمی روشن و عملی به امثال سلیمان ۲۲:۲۰ مراجعه کنید. این آیه را در زیر بنویسید.

آیه‌های زیر دید وسیع‌تری به ما می‌دهند. به این آیه‌ها در کتاب‌مقدس مراجعه کنید و در برابر هر آیه به اختصار توضیح دهید که ما چه قدم‌هایی باید برداریم و از چه قدم‌هایی باید اجتناب بورزیم.

رومیان ۱۲: ۱۹-۲۱

اول تسالونیکیان ۱۵:۵

اول پطرس ۹:۳

آیه‌های بالا در نهایت چه تعلیمی می‌دهند؟

کنکاشی عمیق‌تر در کلام خدا

رومیان ۱۲: ۹-۲۱ را بخوانید. این بخش از کلام خدا، در رابطه با چگونگی برخورد ما با دیگران، لیستی از افعال دستوری (امری) ارائه می‌دهد. در برخورد با افرادی که با ما بد رفتاری کرده‌اند، چه فرمان خاصی به ما داده شده است؟

هنگامی که با شما بد رفتاری شده است، آیا شما سعی کرده‌اید تا زمام امور را بدست خودتان بگیرید؟ آیا مواردی بوده که شما انتقام را به خدا واگذار کرده باشید؟ در هر یک از این دو صورت نتیجه چه بوده است؟

یکی از وعده‌های خدا در آیهٔ ۱۹ آمده است. این وعده چیست؟

آیا شما در موقعیتی هستید که ایمان داشتن به این حقیقت را دشوار می‌بینید؟ باور کامل به این وعدهٔ خدا، چه تغییری می‌تواند در زندگی شما بوجود آورد؟

روز دوم: واکنشِ داوود

اول سموئیل ۲۵: ۳۲-۳۵ را بخوانید.

هنگامی که داوود از واکنش توهین آمیز نابال مطلع شد، بی‌درنگ دست به شمشیر بُرده و مردان خود را فرا خواند تا آنان نیز شمشیر خود را به کمر ببندند. سپس ابیجایل، همسر نابال، را می‌بینیم که در برابر ارتش داوود ظاهر می‌شود تا برای شوهر نادان خود پا در میانی کند.

واکنش داوود را به اختصار بنویسید.

واکنش داوود، چه واقعیتی را دربارهٔ شخصیت او آشکار می‌کند؟

داوود کدام خصوصیات از شخصیت ابیجایل را تحسین کرد؟

در اول سموئیل ۳:۲۵ ابیجایل به عنوان زنی «فهمیده و زیبا» معرفی شده است. اما داوود بیش از زیبایی ابیجایل، مجذوب شخصیت فهمیده و تمییز دهندهٔ او شده بود.

آنچه ابیجایل در رویارو شدن با داوود انجام داد با مهربانی بود، بسیار شفاف و واضح بود، و مستقیماً داوود را مخاطب می‌کرد. ابیجایل حقیقت را گفت. اما باید توجه کرد

که او حقیقت را در کمال احترام و با فروتنی بر زبان آورد. بر خلاف شوهرش، در ابیجایل هیچ اثری از روحیهٔ پرخاشگر، ستیزه جو، سلطه جو، و تحقیرکننده دیده نمی‌شود. واکنش ابیجایل نمونهٔ بارزی است که ما را می‌آموزد که اگر حقایق را با روحیه‌ای ملایم و پر از دلسوزی و توجه بر زبان آوریم، ما نیز می‌توانیم اشخاص بدقلق و تند مزاج را با حقایق تلخ و دشوار رو در رو کنیم.

امثال سلیمان ۲۲:۱۱ زنی را به تصویر می‌کشد که با وجود داشتن ظاهری زیبا، فاقد حکمت و قدرت تشخیص است. یا این آیه را در زیر بنویسید، و یا تصویری ترسیم کنید تا بتواند مفهوم این آیه را بیان کند.

در نهایت، بزرگترین تأثیر شما بر مردم نمی‌تواند حاصل ظاهر برونی شما باشد. بلکه این قلب، طرز برخورد و رفتار، و کلمات شماست که کارآترین اثرگذاری بر مردم را خواهد داشت.

ابیجایل در آرام کردن این موقعیت بی‌ثبات و خطرناک، نقشی کلیدی ایفا کرد. ابیجایل نه قادر بود شوهر خود را کنترل کند و نه داوود را. اما او می‌توانست خودش را کنترل کند. از آنجا که ابیجایل در انتخاب کلمات خود و لحن گفتن آنها حکیمانه عمل کرد، او توانست داوود را متقاعد نماید تا او از قصدش منصرف شود.

در آیه‌های زیر سخنان مؤثر و پر نفوذ چگونه توصیف شده‌اند؟

امثال سلیمان ۱:۱۵ ______________________

____

امثال سلیمان ۲۱:۱۶ ______________________

____

امثال سلیمان ۳۲:۱۶ ______________________

____

امثال سلیمان ۱۵:۲۵ ______________________

____

برای بسیاری از ما طبیعی است که زمانی که در شرایط بحرانی قرار می‌گیریم، سخنان خشن و پر از تحکم بر زبان آوریم. اما در مورد ابیجایل قضیه متفاوت بود. و به همین دلیل پاسخ ملایم او خشم داوود را فرو نشانید.

شما تحت چه شرایطی خیلی وسوسه می‌شوید تا با تندی و خشونت صحبت کنید؟

_____

_____

_____

واکنش عاقلانهٔ ابیجایل جان‌های بسیاری را از هلاکت نجات داد. او باعث شد تا داوود بجای تمرکز بر خود و دشمنانش، چشمان خود را بر خدا دوخته و بر او تمرکز کند.

کنکاشی عمیق‌تر در کلام خدا

اشعیا ۵۳ را بخوانید. این فصل دربارهٔ بد رفتاری مردم با مسیح چه چیزی به ما می‌گوید؟

_____

_____

_____

چرا او متحمل این همه درد و رنج شد؟ (به آیه‌های ۴ و ۵ و ۶ و ۸ مراجعه کنید.)

_____

_____

_____

واکنش مسیح نسبت به اعمالی که افراد گناهکار و نادان اطرافش (آدمیانی مثل من و شما) بر ضد او انجام می‌دادند چه بود؟

_____

_____

_____

روز سوم: زمانی برای سخن گفتن

اول سموئیل ۲۵:۳۶ را بخوانید.

کتاب جامعه ۳:۷ به ما می‌گوید: «وقتی برای سکوت، و وقتی برای سخن گفتن» هست. هنگامی که ابیجایل به منزل خود باز می‌گردد، این اصل کلام خدا را بسیار حکیمانه مراعات می‌کند.

همان نابالی که از دادن خوراک، آب، و معاش به داوود و مردانش اجتناب ورزیده بود، حالا خود طوری به خوردن و نوشیدن مشغول است که گویا او یک پادشاه است. این مردِ خودپرست، خود محور، و شکم پرور باور داشت که بیش از داوودی که قرار بود یک پادشاه واقعی شود، سزاوار بزمی شاهانه است!

چرا این حکیمانه بود که ابیجایل در چنین موقعیتی با شوهر خود دربارۀ این موضوع مهم صحبت نکند؟ چه عواملی می‌توانست مانع گفتگوی او و شوهرش باشد؟

ابیجایل چه زمانی را برای مطرح کردن موضوع با نابال انتخاب کرد؟ چه نتیجه‌ای حاصل شد؟

ابیجایل، برای صحبت با شوهرش، زمانی اقدام کرد که وقت مناسب فرا رسیده بود. خدا

هـم وارد عمـل شـده بـود.

آیه‌های ۳۷-۳۸ به چه جریاناتی اشاره می‌کنند؟

مـا دقیقـاً نمی‌دانیـم کـه بـرای نابـال چـه اتفاقـی رخ داد. امـا بنظـر می‌رسـد کـه او دچـار سـکتهٔ مغـزی و یـا قلبـی شـده باشـد ... سـکته‌ای کـه منجـر بـه فلـج شـدن و بـه اغمـا رفتـن او شـد ... طـوری کـه او پـس از ده روز مُـرد. دلیلـش چـه بـود؟ شـوکه شـدن از خبـری کـه ابیجایـل بـه او داد؟ الـکل؟ عیاشـی و خوشـگذرانی؟ دقیقـاً نمی‌دانیـم. امـا آنچـه می‌دانیـم ایـن اسـت کـه ایـن خـدا بـود کـه جـان نابـال را گرفـت. ایـن حقیقـت از کجـا معلـوم می‌شـود؟

ایوب ۵:۱۴ چه پاسخی را برملا می‌کند؟

پایـان ایـن داسـتان شـباهتی بـه داسـتان‌های افسـانه‌ای نـدارد. کتاب‌مقـدس مشـخص نمی‌کنـد کـه آیـا ابیجایـل بـرای شـوهرش دعـا کـرده و مشـتاقانه انتظـار می‌کشـید تـا او مـردی خداتـرس شـود. بعیـد نیسـت کـه ابیجایـل بـرای ایـن موضـوع دعـا کـرده باشـد. ابیجایـل زن ایمانـدار و خداترسـی بـود کـه احتمـالاً آرزو داشـت شـوهرش عـوض شـود. امـا نابـال هرگـز عـوض نشـد.

ایـن احتمـال وجـود دارد کـه تعـدادی از نابال‌هـای زندگـی شـما هرگـز توبـه نکننـد و هیچـگاه

عـوض نشـوند. ایـن مـوردی نیسـت کـه شـما بتوانیـد بـر آن کنتـرل داشـته باشـید. امـا در وسـط ایـن شـرایط دشـوار، شـما می‌توانیـد انتخـاب کنیـد تـا آن زنـی باشـید کـه منظـور نظـر خداسـت.

شـما در رویارویـی بـا افـراد بدقلـق موجـود در زندگیتـان، چگونـه می‌توانیـد ایمـانِ خـود بـه مسـیح را در عمـل زیسـت کنیـد؟

_____

_____

_____

ایـن بخـش از کلام خـدا چگونـه می‌توانـد شـما را در دعـا کـردن بـرای نابال‌هایـی کـه در زندگـی خـود داریـد یـاری دهـد؟

_____

_____

کنکـاشـی عمیـق‌تـر در کـلام خـدا

رومیـان۱۲: ۹-۲۱ و اشعیا ۵۳ را بخوانیـد. ایـن دو متـن را بـا هـم مقایسـه کنیـد. بـر اسـاس اشعیا ۵۳، عیسـای مسـیح چـه فرمانهایـی از رومیـان ۱۲ را در عمـل بـه اجـرا در آورد؟

_____

_____

_____

مسـیح بـرای مـا تنهـا یـک الگـو نیسـت ... چـرا کـه او بـا مـرگ و رسـتاخیزش از مـردگان، بـه مـا قـدرت می‌دهـد تـا بتوانیـم دسـتورات رومیـان ۱۲ را در عمـل اطاعـت کنیـم. ایـن همـان وعـده‌ای اسـت کـه انجیـل (یعنـی خبـر خـوش مسـیح) بـه مـا می‌دهـد. بـه شـخصی کـه در موقعیـت دشـواری قـرار دارد، شـما پیغـام انجیـل را چگونـه توضیـح خواهیـد داد؟ (اگـر مطمئـن نیسـتید، مطالعـۀ رسـالۀ پولـس بـه رومیـان می‌توانـد شـما را در ایـن زمینـه بسـیار کمـک کنـد.)

از هر طریقی که می‌توانید، مسیح را بخاطر رنجی که به جای شما تحمل کرد تمجید کنید: دادن یک هدیه به شخص و یا به موسسه‌ای که شما را در ایمان کمک کرده، نوشتن یک سرود، درست کردن یک مجسمه، و یا حتی رقصیدن و شادی کردن. حتی اگر شرایط حال حاضر زندگی شما ناگوار باشند، از توانایی‌هایی که خدا به شما داده است استفاده کنید و با آنها خدا را حمد و سپاس گوئید.
آنچه را که انجام دادید در زیر بنویسید.

روز چهارم: او شما را رهایی خواهد داد

مزمور ۳۷ را بخوانید.

شاید شما در حین مطالعهٔ این کتاب، بار سنگینی بر دوش خود احساس کرده‌اید: خصوصیات شخصیت ابیجایل در شما در حال رشد هستند ... شما برای ایجاد صلح و آشتی با سخنان خود تشنج زدایی کرده‌اید ... اما، با این وجود شاید هیچ تحولی در نابالِ شما حاصل نشده است.

اما این را بدانید که شرایط زندگی شما خدا را غافلگیر نکرده است. او شما را دعوت می‌کند که به او امید بسته و در او پناه گیرید.

با خواندن مزمور ۳۷، در مورد اینکه چگونه خدا در نهایت شخص پارسا را پاداش خواهد داد، متوجه چه چیزی می‌شوید؟

خدا چگونه شریران را داوری خواهد کرد؟

و در ضمن، ما چه واکنشی باید نسبت به شخص شریر نشان دهیم؟

چگونه وعده‌های این مزمور شما را در وضعیتی که هستید امید می‌بخشند؟

در نهایت، خداوند ابیجایل را از شرایط دشواری که گریبانگیر او شده بود خلاصی داد. به همین ترتیب خدا وعده می‌دهد که شما را نیز در وقت خود و با روشهای خود رهایی دهد ... حتی اگر این وعده تا به زمانی که مسیح برگردد و یا روزی که او شما را بسوی خود فرا خواند طول بکشد.

البته این بدان معنی نیست که شما دست روی دست بگذارید و اجازه دهید که (مثلاً) شوهر شما خود و خانوادهٔ شما را به نابودی بکشاند، یا برادر و خواهر تلخ شما به ایجاد تفرقه و جدایی در بین اعضای فامیل ادامه دهد، و یا همکار گستاخ و بی ادب شما، دائماً شما را تحقیر کند. ابیجایل در خانهٔ خود دست روی دست نگذاشت تا نابال و داوود یکدیگر و دیگران را هلاک کنند.

خدا ما را فرا نخوانده است تا همیشه منفعلانه کنار بکشیم و هیچ کاری نکنیم. برعکس، او از ما انتظار دارد که در حالی که با حکمت و تشخیص عمل می‌کنیم، بسوی او فریاد کمک سر بدهیم. در عین حال، به منظور برقراری آشتی و مصالحه (و به این امید که نابال‌ها در زندگی ما به توبه کشیده شوند) می‌توانیم به اشخاصی که خودشان می‌توانند پاره‌ای از راه حل باشند مراجعه کنیم.

باید زندگیِ نابال را به عنوان یک هشدار جدی در نظر گرفت. زمانی که خدا مشخص کند که حدّ و مرزی برای ما باقی نمانده است، زندگی ما نابود خواهد شد ... یعنی همان چیزی که برای نابال واقع شد. همین لحظه زمان آن است که توبه کنیم، و آمرزش گناهان و وعدهٔ زندگی جدید را دریافت کنیم تا بتوانیم در رابطهٔ خود با دیگران با مهربانی و وقار رفتار کنیم. فرصت را از دست ندهید! ما هرگز نمی‌دانیم انتها چه زمانی فرا خواهد رسید.

در کنار تفکر بر وعدهٔ خدا که «او روزی شما را نجات خواهد داد»، با سرائیدن این سرود قدیمی او را بپرستید.

آرام گیر ای جانِ من

۱) آرام گیر ای جانِ من؛ خداوند با تو است
بسپر همه به او، خدایی که امر نماید و بپرورد و تدارک بیند
با صبر تحمل کُن آن صلیبی که از رنج و درد پُر است
در هر تحول و تغییر او با امانتش لایتغیر بماند

۲) آرام گیر ای جانِ من؛ بهترین دوست تو... آن خدای آسمانی
در هر راه خار دار هدایتت کند ... به راهی که رسد به شادمانی
آرام گیر ای جانِ من؛ خدایت برایت جنگیده؛ پیروزی برایت ستانده
همچنان که تا کنون امین مانده ... امین ماند نیز در آینده

۳) مگذار امید و اعتمادت به او ... کم سو و تار گردد
اگر عقلت ندهد قد، یا همه سری بر تو پوشیده ماند، غم نخور، روزی بر تو درخشان و نمایان گردد
آرام گیر ای جانِ من؛ اطاعت کنندش هنوز موجها و طوفان
آن مسیحی را که بیارامید باد و دریا را ز هر طغیان

۴) آرام گیر ای جانِ من؛چون دوستان دور شوند
خدایی که بشتابد به سویت در رنج و ترس
آنگاه که تاریکی فرا رسد و اشکها سرازیر شوند
قبضش باشد بس، حضورش تو را فرا گیرد از پیش و از پس

۵) چون فرا رسد ساعت پایان، آرام بگیر ای جان
در آنجا که غم و غصه و اشک و فغان
روبرو بینی مسیح در آسمان ... بمانی با او تا جاودان
رخت بر بندد تا ابد؛ ببینیم رُخش تابان؛ مانیم همواره شادمان

زندگی ابیجایل حاوی پیغامی به زنان حکیم و فهمیده است: **اگر شما زنی هستید پُر از روح‌القدس و کلام خدا، زندگی شما با قدرت و اثر گذار است. برای خدا انتظار بکشید.** سعی نکنید که زمام امور را به دست خود بگیرید. با حکمت الاهی، شهامت، و عزم راسخ هر آنچه را که در آن شرایط خاص لازم به اجرا می‌بینید، انجام دهید. و خاطر جمع دارید که حتی اگر همه چیز از هم گسیخته و خارج از کنترل بنظر آید، اما هیچ چیز از کنترل خدا و حاکمیت او خارج نشده است. او بر همهٔ اتفاقات احاطه و اشراف کامل دارد و شما می‌توانید با اطمینان خاطر در او پناه گیرید.

کنکاشی عمیق‌تر در کلام خدا

رومیان ۱۲: ۹-۲۱ را با صدای بلند بخوانید. با تعمق بر هر یکی از فرمان‌های داده شده، از خود بپرسید: «آیا این فرمانی است که من در حال اطاعت کردن از آن هستم؟» اگر پاسخ شما منفی است، از خود بپرسید: «در رابطه با چه موقعیت و یا رابطه‌ای این فرمان را نادیده گرفته‌ام؟» سپس در قسمت پائین این صفحه آنچه را که روح‌القدس از طریق کلام خدا دربارهٔ قلب و زندگی‌تان به شما نشان می‌دهد بنویسید.

روز پنجم: زندگی در مصالحه با دیگران

رومیان ۱۲: ۱۷-۱۸ را بخوانید.

آیا در عرض این هفته خدا از طریق رومیان ۱۲ با شما صحبت کرده است؟

آیا شما به منظور داشتن یک زندگی صلح آمیز، لازم است با شخص خاصی در زندگی خود آشتی کنید؟ در طول این هفته برداشتن چه قدمی از طرف شما می‌تواند در جهت ایجاد صلح و آرامش در این رابطه مفید باشد؟

زمانی را به دعا برای نابال‌های موجود در زندگیتان اختصاص دهید ... نابال‌هایی که نیازمند توبه و ایمان آوردن به مسیح به عنوان نجات دهندهٔ خود هستند. دعای خود را در زیر بنویسید.

کنکاشی عمیق‌تر در کلام خدا

رومیان ۱۲: ۹-۲۱ و مزمور ۳۷ را بخوانید. کُل متن رومیان دربارهٔ مصالحه و آشتی با دیگران است. در کدامیک از روابط زندگی شما، داشتن رابطهٔ صلح‌آمیز دشوارتر است؟ (آیهٔ ۱۸)

دعای خود را در زیر بنویسید. احساسات دردناک ناشی از این رابطهٔ دشوار را صادقانه و بدون شرم به خدا بگویید.

آیا از میان آنچه نوشتید، موردی بود که شما را حیرت‌زده کرد؟ آن را به حضور خدا بیاورید. از خدا بخواهید تا خودش عدالت را اجرا کند: یا [الف] با داوری نمودن آن شخص و یا [ب] با برداشتن داوری آن شخص بر خود و نجات دادن او. و در ضمن، اینطور دعا کنید: «ای پدر، عطا کن تا هیچگاه فراموش نکنم که تو برای نجات من از گناه چه بهایی پرداختی ... و به من توانایی ببخش تا در رویارویی با شخصی که به من بدی کرده است با قلب و محبتی که تو داری برخورد کنم.»

آیهٔ حفظی این هفته بخشی از مزمور ۳۷ است. این مزمور در برگیرندهٔ وعده‌های زیادی است که شما می‌توانید در حالی که برای خدا انتظار می‌کشید تا صلح خود را در زندگی شما حاکم سازد، بر آنها حساب کنید. کدامیک از این وعده‌ها بیش از همه با قلب شما سخن گفته است؟ آن را در زیر بنویسید.

ای پدر، سپاسگزارم که تو برای حل کردن معضل افراد بدقلق و برخورد با مردم دشوار در زندگی‌ام قابل اعتماد هستی. زمانی که وسوسه می‌شوم تا زمام امور را بدست گیرم، مرا یاری کن تا بگذارم که تو اقدام کنی. مرا کمک کن تا در برخورد با اینچنین افراد، همیشه با روحیه‌ای مهربان و ملایم که تحت کنترل توست رفتار کنم. به من حکمت و تمییز ببخشا تا بدانم چه موقعی صحبت کنم و چه زمانی سکوت اختیار کنم. عطا کن تا سخنان زبانم و عکس‌العمل‌هایم با بصیرت و تشخیص الاهی باشند. متشکرم که زندگی‌ام هرگز از حاکمیت و کنترل تو خارج نخواهد شد.

آیهٔ حفظی

در طول این هفته بر این آیه تفکر کرده و آن را حفظ کنید.

زیرا رنجهای جزئی و گذرای ما جلالی ابدی برایمان به ارمغان می‌آورد که با آن رنجها قیاس پذیر نیست. پس نه بر آنچه دیدنی است، بلکه بر آنچه نادیدنی است چشم می‌دوزیم،

زیرا دیدنی‌ها گذرا، اما نادیدنی‌ها جاودانی است.

دوم قرنتیان ۴ : ۱۷ - ۱۸

هفتهٔ پنجم

داشتن چشم‌انداز به ابدیت

موضوع هفته : داشتن چشم‌انداز به ابدیت شما را کمک می‌کند تا در انتظار خدایی باشید که قادر است داستان زندگی شما را با پایانی خوش رقم زند.

نفسِ گناهکار ما که تمایل دارد بر همه چیز حاکم باشد، عجولانه و بدون هیچ وقفه‌ای به ما دیکته می‌کند که در پاسخ به پرسشهای مهم زندگی چه تصمیمی بهترین قدمی است که باید برداریم: در چه محلی زندگی کنیم ... با چه شخصی ازدواج کنیم ... چگونه با ما بد رفتاری شده است ... برای داشتن پایانی خوش در زندگی خود چه‌ها باید بکنیم. اگرچه برای پیروان عیسی پایانی خوش تضمین شده است، اما متأسفانه [و به آسانی] جلال و شکوهی که در راه است نادیده گرفته می‌شود. اشتیاق شدید ما به تحت کنترل گرفتن همه چیز، محرکی است که باعث می‌شود تا عملکرد ما بر اساس چشم‌اندازی بسیار محدود باشد؛ چشم‌اندازی که ما را به حماقت، عدم قناعت، و در نتیجه ناامیدی سوق می‌دهد.

در مطالعهٔ این هفته خواهیم دید که خدا چگونه داوود را از یک اقدام اشتباه حفظ می‌کند. اگر داوود در برابر موقعیت پیش آمده بطور غریزی عکس‌العمل نشان می‌داد، تصمیم او می‌توانست خسارت بسیار بزرگی ببار آورد. خدا، در این داستان، امانت و وفاداری خود را به نمایش می‌گذارد. و بدین وسیله به ما یادآوری می‌کند که روزی فرا خواهد رسید که او ما را از شریر رهایی داده و به هرگونه بی عدالتی پایان خواهد بخشید. در مطالعهٔ خود این را نیز خواهیم دید که چگونه داشتن چشم‌انداز به ابدیت ما را [همچون ابیجایل] زنی حکیم خواهد کرد که بطور کامل سرسپردهٔ خدا است.

روز اول: خداوند انتقام خواهد گرفت.

اول سموئیل ۲۵: ۳۹-۴۲ را بخوانید.

در پایان مطالعهٔ هفتهٔ گذشته ما با مرگ ناگهانی نابال مواجه شدیم. اگر خود را به جای داوود بگذارید، با شنیدن این خبر چه حالی به شما دست می‌داد؟ او قبل از پا درمیانی کردن ابیجایل مصمم بود که هر طور که شده نابال را بکشد. بنظر شما داوود با شنیدن خبر مرگ شخصی که او را شدیداً تحقیر کرده بود، چه عکس‌العملی باید نشان دهد؟ عکس‌العمل شما چه می‌بود؟

واکنش داوود نسبت به خبر مرگ نابال چه بود؟

داوود بابت چه چیز مشخصی خدا را شکر کرد؟

داوود، در این جریان، درس مهمی آموخت. او یاد گرفت تا گرفتن انتقام بابت همهٔ توهین و تحقیراتی که به او شده است را به خدا واگذارد. در واقع، داوود نیاز مبرم به این درس داشت چون در فصل بعدی کتاب اول سموئیل او در زندگی‌اش با نابال دیگری به نام شائول پادشاه روبرو می‌شود.

اول سموئیل ۲۶: ۷-۱۲ را بخوانید.

در ایـن بخـش در رویارویـی داوود بـا شـائول چـه اتفاقـی رُخ داد؟ داوود چگونـه ثابـت کـرد کـه او اطمینـان دارد کـه خـود خـدا بـه مسئلۀ شـائول رسـیدگی خواهـد کـرد؟

داوود اگرچـه فرصـت داشـت تـا براحتـی شـائول را بکشـد، امـا او انتخـاب کـرد تـا تـوکل خـود را بـر خـدا نهـد و اعتمـاد داشـته باشـد کـه خـدا در وقـت خـود و بـا روش خـودش از شـرارت انتقـام خواهـد گرفـت. دربـارۀ نابـال ایـن موضـوع خیلـی سـریع اتفـاق افتـاد. امـا در رابطـه بـا شـائول ایـن موضـوع سـال‌ها بطـول انجامیـد.

شـاید خـدا نابال‌هـای زندگـی شـما را فـوری داوری نکنـد. حتـی ممکـن اسـت کـه ایـن اتفـاق در طـول زندگـی زمینـی شـما رخ ندهـد. امـا خـدا در نهایـت عدالـت خـود را بـه اجـرا در خواهـد آورد.

امثال سلیمان ۲۹:۲۳ را اینجا بنویسید.

چگونه این حقیقت در زندگی نابال به تصویر کشیده شد؟

چگونه این حقیقت در زندگی داوود به تصویر کشیده شد؟

داوود، در واکنش به درخواست ابیجایل، خود را فروتن ساخت. داوود تصمیم گرفت تا غرورش را پایمال کند و بگذارد که خدا با شخص خاطی برخورد نماید.

امروز چه چیزی شما را از اعتماد کردن به خدا برای انتقام گرفتنش از شرارتهای زندگی‌تان باز می‌دارد؟

کنکاشی عمیق‌تر در کلام خدا

دوم قرنتیان ۴: ۶-۱۸ را بخوانید و آن را به زبان خود به اختصار بنویسید. موضوع اصلی این بخش چیست؟

در این آیه‌ها «گنجینه‌ای» که خدا به ما داده است چیست؟

بنظر شما منظور پولس از «ظروف خاکی» چیست؟ (آیهٔ ۷) داشتن این «گنجینه» در این «ظروف خاکی» چگونه خدا را جلال می‌دهد؟

روز دوم: دعا برای اجرای داوری الاهی (بخش ۱)

مزمور ۱۰ را بخوانید.

اعتماد کردن بر خدا برای انتقام گرفتن از بدی و شرارت بدان معنی نیست که دعا کنیم خدا نابال‌های زندگی ما را بکُشد. اولین و مهمترین درخواست ما باید این باشد که خدا آنها را به توبه بکشد.

اما پرسشی که پیش می‌آید این است: آیا این درست است که ما صادقانه به خدا بگوییم: «ای کاش این شخص را داوری می‌کردی»؟ اگر این کار درست نیست، پس چرا [بنظر می‌رسد که] این نوع دعاها بارها در کتاب مزامیر درج شده‌اند؟

یکی از این نمونه‌ها در مزمور ۱۰ یافت می‌شود. یازده آیهٔ اول این مزمور چه شرایطی را به تصویر می‌کشد؟

نویسندهٔ مزمور در آیه‌های ۱۲-۱۵ چگونه از خدا می‌خواهد که به این موضوع رسیدگی کند؟

مزامیر لعن و نفرین

مزامیر لعن و نفرین مزامیری هستند که در آنها از خدا درخواست می‌شود تا غضب خود را بر دشمنان نویسندهٔ مزمور و یا بر دشمنان خود خدا بباراند. واژهٔ «نفرین» یا «لعن» به معنای درخواست ملتمسانه‌ای است که طالب فرستاده شدن بدی (و لعنت) بر روی شخص خاصی است. به همین دلیل است که این مزامیر، مزامیر نفرین یا لعن نامیده شده‌اند. مزامیر لعن و نفرین شامل مزامیر زیر می‌باشند: ۵ - ۱۰ - ۱۱ - ۱۷ - ۳۵ - ۵۵ - ۵۸ - ۵۹ - ۶۹ - ۷۰ - ۷۹ - ۸۳ - ۱۰۹ - ۱۲۹ - ۱۳۷ و ۱۴۰.

آیا شما موقعیتی را در زندگی خود بخاطر می‌آورید که احساس کردید باید دعا کنید تا خدا شخص شریری را داوری کند؟

....

....

....

....

....

....

....

....

مزمور دهم یکی از مزامیری است که مفسرین کلام خدا آنها را مزامیر «لعن و نفرین» نامیده‌اند ... مزامیری که نویسندهٔ آن از خدا درخواست می‌کند تا او داوری خود را بر شرارت پیشگان اجرا نماید. اما پیش از آنکه اینطور دعا کنیم، باید انگیزه‌های قلبی خود را تفتیش کرده و بفهمیم چرا دلمان می‌خواهد که خدا از شریر انتقام بگیرد.

- آیا هدف شما از طلبیدن داوری خدا این است که موقعیت بهتر و شادتری داشته باشید؟ آیا هدف شما این است که از فشار موجود نجات پیدا کنید؟

- آیا هدف نهایی شما از طلبیدن داوری خدا این است که حقانیت خدا به اثبات رسد و مردم ببینند که او یک داور عادل است و به این ترتیب به سوی او روی آورده و او را پرستش کنند؟

به عنوان یک نمونه، هنگامی که در اخبار گزارشارتی از فعالیتهای تروریستی و قتل عام می‌شنوید، شما چگونه باید برای آنها دعا کنید؟ به طور قطع، دعا کردن برای نجات آنها درخواست درستی است. کلام خدا می‌فرماید: «خدا نمی‌خواهد کسی هلاک شود، بلکه می‌خواهد همگان به توبه گرایند.» (دوم پطرس ۹:۳) اما اوقاتی هم هست که ما می‌توانیم دعا کنیم که «خدایا، برای جلال نام خودت شرارت پیشگان را تنبیه کن تا مردم بدانند که نمی‌توانند تو را بی‌اهمیت تلقی کرده و به بازی بگیرند.»

اگر خدا در این دنیا هرگز شریران را تنبیه و داوری نمی‌کرد، دنیای ما چگونه دنیایی می‌بود؟ مردم چه دیدگاهی نسبت به خدا می‌داشتند؟

____

____

____

کنکاشی عمیق‌تر در کلام خدا

دوم قرنتیان ۴: ۶-۱۸ را بخوانید.

اطراف کلماتی که بیان کنندهٔ شرایط روحی شما در حال حاضر هستند دایره بکشید.

متحیر و سرگردان
تحت جفا
نابود شده
ترک شده
حمل کنندهٔ مرگ مسیح
مُصیبت زده
خرد شده
نا امید
از پا درآمده

پولس، برای مُصیبت‌هایی که ما با آنها روبرو می‌شویم، به دلایل زیادی اشاره می‌کند. فهرستی از این دلایل تهیه و آنها را در زیر بنویسید. (به کلماتی از قبیل «تا» و «زیرا» توجه کنید.)

آیا شما فردی هستید که غالباً ناامید و دلسرد می‌شوید؟ (آیهٔ ۱۶) اگر پاسخ شما مثبت است، کدامیک از این دلایل بیشترین تسلی و دلگرمی را در موقعیتی که هستید به شما می‌دهد؟

روز سوم: دعا برای اجرای داوری الاهی (بخش۲)

مکاشفه ۷:۱۶ را بخوانید.

ما خواهان آن نیستیم که خدا همه را مجازات کند. اما اگر ما واقعاً دوستدارِ جلال خدا و قدوسیتِ او هستیم، پس ما باید او را به عنوان خدای عادلی که به عدالت داوری می‌کند، تکریم کنیم. خواستهٔ قلبی ما این است که خدا در زندگی همهٔ انسانها جلال یابد. در مورد کسانی که هرگز توبه نمی‌کنند، خدا گاهی از طریق داوری کردن آنها جلال می‌یابد.

اما قبل از اینکه چنین درخواستی از خدا بکنیم، باید انگیزهٔ قلبی خود را ارزیابی نمائیم. دعا نکنید تا خدا شخص مورد نظر شما را برای مورد خاصی داوری کند که خود شما باید برای همان چیز خاص داوری شوید. همیشه با در نظر نگاه داشتن جلال خدا، با وجدانی پاک دعا کنید.

گاهی اتفاق می‌افتد که ما نمی‌خواهیم افرادی که ما را آزرده کرده‌اند توبه کنند. واقعیتِ

امر این است که بخاطر صدمه‌ای که آنها به ما زده‌اند، ما می‌خواهیم شاهد رنج کشیدن آنها باشیم. اینجاست که باید صادق باشیم و نقطه نظرات و نگرش‌های گناه‌آلودِ قلب خود را نزد خدا اعتراف کنیم.

لحظاتی را برای دعا کردن اختصاص دهید تا برای همهٔ نابال‌هایی که در زندگی خود دارید شفاعت کنید. در این راستا موارد زیر را در نظر داشته باشید:

- قلب خود را تفتیش و ارزیابی کنید. از همین ابتدا از خدا بطلبید که اعمال و نقطه نظرات گناه‌آلودی را که شما اجازه داده‌اید وارد زندگیتان شوند، برملا کند.
- بدون اینکه عذر موجهی برای احساسات آزُرده و یا تنفر خود بیاورید، دربارهٔ آنها با خدا صادق و شفاف باشید. در رابطه با هر گونه رابطهٔ دشواری که در حال حاضر درگیرِ آن هستید، فریادِ خود را به حضور خدا بیاورید و از او بخواهید که نگرشِ خود در این مورد را به شما ببخشد.
- برای آنانی که بیش از همه مُسبب رنج و آزُردگی شما شده‌اند دعا کنید. از خداوند بخواهید تا بر آنها رحم کرده و آنها را نجات دهد ... و به هر قیمت که شده این افراد را به توبه آورد.

کنکاشی عمیق‌تر در کلام خدا

دوم قرنتیان ۴: ۱۳-۱۸ را بخوانید.

پولس، با اشاره به موضوع رستاخیز از مردگان و جلال آینده، نگرشی به ما می‌دهد که بر ابدیت متمرکز است. موضوع رستاخیز چگونه می‌تواند شما را در شرایطی که در آن گیر کرده‌اید، امید بخشد؟

پولس، از طریق رنج‌هایی که متحمل شد، این واقعیت را دید که فیض خدا «شامل حال عدهٔ بیشتر و بیشتری می‌شود.» آیا شما نیز این تجربه را داشته‌اید که تحمل کردن رنجها

و آزردگی‌هایی که (مُسبب آن افراد مشکل و بدقلق بوده‌اند)، فیض خدا را شامل حال افراد بیشتری کرده باشد؟ آیا شاهد همین مورد در زندگی دیگران نیز بوده‌اید؟

آیهٔ ۱۶ دربارهٔ «انسانیت باطنی ... و تازه شدن روز به روزِ» آن صحبت می‌کند. چه راههای عملی می‌شناسید که خدا توسط آنها انسانیت باطنی شما را تازه می‌کند؟ چه حقایقی از کلام خدا، در اوج رنج و دردهای شما ، زندگی شما را احیا می‌کنند و امیدی تازه در شما می‌آفرینند؟ آنها را در زیر بنویسید.

روز چهارم: یک پایان خوش؟

اول سموئیل ۲۵: ۳۹-۴۴ را بخوانید.

همهٔ ما داستانهایی را دوست داریم که پایانی خوش دارند. سالهاست که فیلم‌های هالیوود این پیغام را به مردم القا کرده‌اند که هر مشکلی قابل حل است و هر پرسشی را می‌توان پاسخ داد. برای ایمانداران به مسیح، در انتهای زندگی زمینی‌شان، پایانی خوش انتظارِ آنها را می‌کشد. اما تا زمانی که به آسمان نرفته‌ایم، مشکلات ما بطور کامل از میان نمی‌روند.

چه عناصری از یک پایانِ خوشِ قهرمانانه در اول سموئیل ۲۵ به چشم می‌خورد؟

چه بخشی از این داستان مشخص می‌کند که شاید دشواریهای ابیجایل بطور کامل تمام نشده بود؟

ممکن است که داستان ابیجایل در این مرحله مانند افسانه‌ای بنظر آید که در انتهای آن همه چیز به خوبی و خوشی تمام می‌شود. اما زندگی ابیجایل، حتی پس از ازدواج با داوود نیز، زندگی ایده‌ال و کاملی نبود. اول از همه، اینکه داوود همسران متعددی داشت. از سوی دیگر، ابیجایل مجبور بود به همراه داوود و ۶۰۰ نفر از همراهانش، همچون آدمهای فراری در بیابان، سالها در سرگردانی و بی‌تکلیفی بسر ببرد. و متأسفانه سالها بعد، شوهر او با زن دیگری به نام بتشبع مرتکب زنا شد. غم و اندوه در زندگی این زن هنوز خاتمه نیافته بود.

این وسوسه وجود دارد که ما نیز برای رسیدن به پایانِ خوشِ داستانِ زندگیِ‌خود خیال‌پردازی کنیم. آسان است که ما در عالم خیال تجسم کنیم که اگر فقط ...

اگر فقط یک خانهٔ نو داشته باشم ...

اگر فقط شوهر کرده باشم ...

اگر فقط رئیس دیگری داشته باشم ...

اگر فقط اتومبیل بهتری داشته باشم ...

اگر فقط مجبور نمی‌شدم در این شهر زندگی کنم ...

اگر فقط شوهرم ابتکارات بیشتری به خرج می‌داد ...

اگر فقط مدارک تحصیلاتی بیشتری داشتم و می‌توانستم شغل جدیدی کسب کنم ...

اگر فقط شوهرم می‌مُرد و من می‌توانستم با شخص دیگری ازدواج کنم ...

... در آن صورت خوشحال می‌شدم.

امّا متأسفانه واقعیت این است که هر گونه وضعیت و همهٔ جریانات زندگی، چالشهای مخصوص خودش را دارد.

چه موقعیت‌ها و یا چه آرزوهایی شما را وسوسه می‌کند که از زندگی خود نا راضی باشید؟

چگونه آیه‌های زیر شما را در چالش «اگر فقط ...» می‌توانند یاری کنند؟

اول تیموتاؤس ۶: ۶-۸

فیلیپیان ۴: ۱۱- ۱۲

ما ایمانداران به مسیح، در همهٔ شرایط زندگی خود، می‌توانیم راضی و قانع باشیم زیرا می‌دانیم که پایانی خوش در انتظار ماست. قطعاً زندگی هیچکس بر روی زمین نمی‌تواند عاری از مشکل و چالش باشد ... اما خدا نیکوست. او در حال تقدیس و نجات این خلقت سقوط کرده است ... که شما را نیز شامل می‌شود.

عادلان [یعنی ایمانداران به مسیح] حتماً پایانِ خوش را تجربه خواهند کرد. اما این پایان خوش نه بر روی زمین است و نه در حال حاضر ظاهر شده است. به همین دلیل است که ما باید همواره آن تصویر بزرگ و دورنما را در مّد نظر داشته باشیم ... که در مقایسه با ابدیت آنقدرها هم دور نیست.

آیه‌های زیر چگونه ما را در داشتن این دورنما یاری می‌کنند؟

دوم قرنتیان ۴: ۱۷-۱۸

اول پطرس ۵:۱۰

اگر شما خود را در حال دست و پنجه نرم کردن با یک «نابال» می‌بینید، ناامید نشوید. به وعده‌های خدا بچسبید. به پایانِ داستان تمرکز کنید و مطمئن باشید که خدا با روشِ خود و در زمانِ خود از هر شرارتی انتقام خواهد گرفت. و اگر شما در او پناه برده باشید، او

شما را مبارک ساخته و پاداش خواهد داد.

شما، تا زمانِ رسیدن به آن پایان خوش، چه‌ها باید بکنید؟

منتظر خدا بمانید.

حکمت بیاموزید.

برخی اوقات مشکلات و رنجها را تحمل کنید. *

بگذارید خدا زندگی شما را برای تأثیرگذاری بر «نابال‌ها» و «داوودها» بکار گیرد ... چرا که شما در وسط این بحرانها قادر به پیش‌بینی این موضوع نخواهید بود که چه شخصی مثل نابال واکنش منفی نشان خواهد داد و عکس‌العمل چه کسی مانند داوود خواهد بود.

برای اینکه شما بطور صحیح برای خدا انتظار بکشید، چه چیز دیگری می‌توانید بکنید؟ این موارد را به فهرست بالا اضافه کنید.

از این دو مرد، یکی توبه کرد و دیگری خیر! ابیجایل مسئول واکنش آنها نبود. مسئولیت ابیجایل این بود که او باید آن زنی باشد که خدا انتظار داشت او در زندگی این دو مرد باشد. این همان چیزی است که ما نیز باید توجه خود را بر آن متمرکز کنیم ... یعنی زنی باشیم که توّکل واقعی خود را بر خدا نهاده و در شرایط حالِ حاضرِ خود بر حسب انتظاری که خدا از او دارد عمل می‌کند. اگر اینگونه عمل کنیم، خدا ما را بکار خواهد گرفت تا نه تنها بر نابال‌های زندگی خود، بلکه بر دنیا نیز تأثیری خدا پسندانه داشته باشیم.

* این بدان معنی نیست که اگر شما از لحاظ جسمی مورد بد رفتاری و تعدی قرار می‌گیرید (مثلاً شوهرتان شما را کتک می‌زند)، شما باید آن وضعیت را تحمل کنید. هنگامی که قانون زیر پا گذاشته می‌شود، شما از مقامات امنیتی و حقوقی [که خدا مقرر کرده است] یاری می‌طلبید. در صورتی که شما (و یا فرزندانتان) از لحاظ فیزیکی در خطر هستید، به شما توصیه می‌کنیم که برای حفاظت، مشاورت، و هر نوع کمک دیگر، به هیئت رهبری کلیسا و یا مقامات امنیتی مراجعه کنید (رومیان ۱:۱۳). خدا [در حاکمیت خود] این مقامات بشری را برای حفاظت ما معین نموده است. بنابراین خود را به این مقامات سپرده و از آنان یاری بطلبید.

کنکاشی عمیق‌تر در کلام خدا

فیلیپیان ۴: ۲-۹ را بخوانید.

در این بخش چه کسانی در مناقشه بودند؟

شاید این قسمت از کلام خدا برای شما متنی آشنا باشد. آیا دانستن این موضوع که پولس این بخش را خطاب به کسانی می‌نویسد که دچار مشکلات روابطی سختی شده بودند، نگرش شما را بر این متن تغییر می‌دهد؟ چگونه؟

در کنار هر یکی از دستورات این متن [که در زیر نقل شده‌اند]، روشی عملی ارائه دهید که در طول این هفته شما از آن اطاعت خواهید کرد.

همیشه در خداوند شاد باشید.

بگذارید ملایمت شما بر همگان آشکار باشد.

برای هیچ چیز نگران نباشید.

در هر چیز با دعا و استغاثه، همراه با شکرگزاری، درخواستهای خود را به خدا ابراز کنید.

هر آنچه راست است، والاست، درست است، دوست‌داشتنی و ستودنی است، بدان بیندیشید. اگر چیزی عالی است و شایان ستایش، در آن تأمل کنید.

هر آنچه را که آموخته، پذیرفته، شنیده، و یا در من دیده‌اید، همان را به عمل آورید.

روز پنجم: شاد بودن به هنگام درد کشیدن

متی ۵: ۴۴-۴۵ را بخوانید.

در فصل پنجم از انجیل متی، عیسای خداوند تعالیم مشخصی دربارهٔ دعا می‌دهد. بر اساس آیه‌های ۴۴-۴۵ ما برای چه کسانی باید دعا کنیم؟

چرا ما باید برای آنها دعا کنیم؟

آیا به یاد دارید که برای مجازات شدن افراد شریر [که در زندگی‌تان داشته‌اید] دعا کرده باشید تا خدا آنها را داوری کند؟ امروز شما چگونه می‌توانید برای همین افراد به روشی دعا کنید که خدا را جلال دهد؟

دانستن این اصل که مسیح یک «پایانِ خوشِ» ابدی به ما می‌بخشد، قطعاً ما را در تحمل رنج و درد یاری می‌کند؛ چه درد و رنجی که مردم مُسببش هستند و چه درد و رنجی که حاصل ناملایمات زندگی است. البته به یاد آوردن این اصل در اوج مشکلات و سختیها معمولاً کار دشواری است. در زندگی روزمرهٔ خود از طریق چه روشهای عملی می‌توانید مطابق با این اصل زندگی کنید؟

کنکاشی عمیق‌تر در کلام خدا

فیلیپیان ۴: ۲-۱۳ را بخوانید.

این متن در فیلیپیان به ما نشان می‌دهد که در رنجها و مخالفتها ما چه طرز فکری باید داشته باشیم. جملات زیر را بخوانید و بگذارید روح‌القدس قلب و درون شما را تفتیش کند. بر اساس آنچه که او بر شما آشکار می‌کند، دور گزینهٔ «بله» یا «خیر» یک دایره بکشید.

بله / خیر　من غالباً تصمیم می‌گیرم تا در دشواریها شاد باشم.

بله / خیر　من نگرانی خود دربارهٔ جریانات زندگی‌ام را به خدا می‌سپارم.

بله / خیر　من معمولاً از خدا می‌طلبم تا در جریانات زندگی‌ام مداخله کند.

بله / خیر　هنگامی که من دربارهٔ شرایط زندگی‌ام دعا می‌کنم، تمایل به شکرگزاری در خود می‌بینم.

بله / خیر　من غالباً آرامش و سلامتی خدا را بصورتی غیر قابل توضیح تجربه می‌کنم.

بله / خیر　افکار من بر حقایق کلام خدا متمرکز است، نه بر شرایط زندگی‌ام.

بله / خیر　من اطمینان دارم که خدا همهٔ نیازهای مرا رفع خواهد کرد. به همین دلیل من قانع هستم.

بله / خیر　حتی اگر احساس یأس و دلسردی کنم، من غالباً تصمیم می‌گیرم تا اطاعت کنم.

هنگامی کـه مـا شـرایط سـختی را تجربـه می‌کنیم، درسـت فکـر کـردن می‌توانـد دشـوار باشـد. اگر در برابـر جملـهٔ خاصـی از فهرسـت بـالا گزینهٔ «خیـر» را انتخـاب کردیـد، دلیلـش چـه بـود؟ آیـا در ایـن رابطـه شـما بـا نوعـی پرسـش و یـا احساسـات قـوی در خـود دسـت و پنجـه نـرم می‌کنیـد؟

_____

_____

_____

_____

مطابـق بـا متـن امـروز، ایـن افکـار و احساسـات و پرسـش‌ها را بـه حضـور خـدا ببریـد. خـدا را شـکر کنیـد زیـرا او آرامـش و حضـور خـود را بـه شـما می‌بخشـد. در رابطـه بـا شکسـتِ خـود در اطاعـت کـردن از کلام خـدا و دلیـل سـخت بـودنِ آن صـادق باشـید. از خـدا کمـک بطلبیـد تـا شـما بتوانیـد بـر حقیقـتِ او تمرکـز کنیـد و مطیـع باشـید، حتـی هنگامـی کـه در شـرایطی دشـوار هسـتید. او امیـن اسـت و ایـن را خواهـد کـرد.

ای عیسـی خداونـد، دعـا می‌کنـم کـه همـهٔ افـرادی کـه در اطرافـم هنـوز توبـه نکـرده و تـو را بـه عنـوان نجـات دهنـدهٔ خـود نپذیرفتـه‌انـد، بـه هـر قیمتـی کـه شـده بـه سـوی تـو آینـد. مـرا یـاری کـن تـا بـا نگرشـی متأثـر از ابدیـت بـر شـرایط زندگـی شـخصی خـود و بـر وقایـع کنونـی جهـان بنگـرم. در حالـی کـه در انتظـار تـو هسـتم تـا داسـتان زندگـی مـرا بـا آن «پایـانِ خـوشِ» واقعـی مُزیـن سـازی، عطـا کـن تـا بـرای جـلال نـام تـو زیسـت کنـم.

آیهٔ حفظی

در طول این هفته بر این آیه تفکر کرده و آن را حفظ کنید.

ای عزیزان، از این آتشی که برای آزمودن شما در میانتان برپاست، در شگفت مباشید، که گویی چیزی غریب بر شما گذشته است، بلکه شاد باشید از اینکه در رنجهای مسیح سهیم می‌شوید، تا

به هنگام ظهورِ جلالِ اَو به غایت شَادمان گردید.

اول پطرس ۴ : ۱۲- ۱۳

هفتهٔ ششم

مرگ حیات ببار می‌آورد

موضوع هفته : خدا معمولاً جریانات ناگوار زندگی شما را بکار می‌گیرد تا شما را به شباهت مسیح درآورد.

در چند هفتهٔ گذشته که داستان ابیجایل را به تفصیل و در جزئیات بررسی کردیم، شاید احساس کردید که چقدر داستان زندگی شما شبیه داستان زندگی ابیجایل است. آیا می‌توانید شخصیت‌هایی را در زندگی خود مشخص کنید که در زندگی ابیجایل وجود داشتند؟ کدامیک از این شخصیت‌ها خودِ شما بودید؟ آیا با مطالعهٔ این قسمت از کلام خدا دیدگاه شما نسبت به آن شخص و یا آن موقعیت فرق کرده است؟

در عین حال که آموخته‌ایم تا برای برخورد با افراد و شرایط دشوار با فیض و حکمت عمل کنیم، زندگی ابیجایل تصویر بزرگتری ترسیم می‌کند ... یعنی جلال دادن خدا درون [و علیرغم] موقعیت‌های سخت. این مورد ما را به چالش می‌کشد تا در پرتو دشواریهای پیش روی خود، قلب خود را تفتیش کرده و امید خود را بر آن زندگی جاودانی بنهیم که آمدنی است. بخاطر این وعده و با قدرت روح‌القدس است که ما می‌توانیم به آنانی که زندگی را بر ما سخت می‌سازند واکنشی مناسب نشان دهیم.

روز اول: جمع بندی

اول سموئیل ۲۵ را بخوانید.

نـگاه مختصـری کـه بـه زندگـی ابیجایـل داشتیم بسیار نیرومنـد و چالـش برانگیـز اسـت. ایـن زن در شـرایطی بسـیار دشـوار بسـر می‌بـرد. او همسـر شـخصی بـود کـه معنـی اسـمش «نـادان» [یـا «احمـق»] بـود. حتـی زندگـی عملـی ایـن مـرد انعکاسـی از معنـی اسـمش بـود. در طـول ایـن داسـتان کـه در اول سموئیـل فصـل ۲۵ آمـده اسـت، ابیجایـل همچنـان آرام بـود، حماقـت را بـا حکمـت پاسـخ داد، و بـر خـدا توکل کـرد تـا از او مراقبـت و محافظـت کنـد.

همـهٔ مـا، در مقطعـی از زندگـی خـود، بـا اشـخاص احمـق و دشـواری مواجـه خواهیـم شـد کـه بایـد بـا آنهـا رویـارو شـد. اگرچـه زندگـی ابیجایـل [بـه عنـوان یـک نمونـه] همـهٔ پرسـش‌های مـا را پاسـخ ندهـد، امـا در چگونگیِ برخـورد بـا اینچنیـن افـراد، دیـدگاه و نگرشـی عملـی ارائـه می‌دهـد.

در حالـی کـه در مطالعـهٔ ایـن هفتـه بـه جمع‌بنـدی می‌پردازیـم، بـه منظـور بازنگـری مطالـب پنـج هفتـهٔ پیـش، از شـما دعـوت می‌کنیـم تـا پرسـش‌هایی را کـه در ابتـدای ایـن کتـاب مطـرح شـده‌اند پاسـخ دهیـد.

همچنـان کـه زندگـی ابیجایـل را مطالعـه و در آن تأمـل می‌کنیـد، بـه پرسـش‌های زیـر پاسـخ دهیـد.

- نابال، ابیجایل، و داوود چه حقایقی دربارهٔ شخصیت خدا، قلب او، و روشهای او به شما می‌آموزند؟

عیسی برتر از داوود است

ما، در بررسی زندگی ابیجایل، تمرکز خود را بر داوود نهادیم. او از بسیاری لحاظ بزرگترین پادشاه اسرائیل بود. خدا به داوودِ پادشاه قول داد که یکی از وارثانش، که شخصی برتر از خود داوود باشد، تا به ابد بر تخت سلطنت او خواهد نشست (۲ سموئیل ۷: ۱۲-۱۶). آن وارث چه شخصی بود؟ خداوند ما عیسای مسیح! بیائید ببینیم او چگونه خود را برتر از بهترین پادشاه زمینی اسرائیل نشان داد.

عیسی ...

- هم «ریشه» و هم «نسل داوود» است (مکاشفه ۱۶:۲۲).
- همهٔ نبوتها و وعده‌هایی را که به داوود داده شدند، به کمال رسانید (یوحنا ۴۲:۷).
- «خداوندِ» داوود است (اعمال ۲: ۲۵-۲۸).
- هم «پسر خدا» و هم «از نسلِ داوود» خوانده شده است (رومیان ۳:۱).

- چگونه این داستان به عیسی و انجیل اشاره می‌کند؟

- آیا در این داستان نمونه‌ای وجود دارد که باید از آن تبعیت و یا اجتناب نمود؟ در این صورت، شما چگونه می‌توانید جویای تغییر باشید؟

- چگونه می‌توانید آنچه را که داستان ابیجایل دربارهٔ برخورد با اشخاص نادان به شما آموخت، به اختصار شرح دهید؟

- در طول مطالعهٔ زندگی ابیجایل، بزرگترین درسی که خدا دربارهٔ واکنشهای شما به شما آموخت، چه بوده است؟

کنکاشی عمیق‌تر در کلام خدا

ما در طول هفته‌های گذشته بخشهایی از فصل‌های دوم و سوم از رسالهٔ اول پطرس را مطالعه کردیم. این هفته به فصل چهارم خواهیم پرداخت. امروز همهٔ فصل‌های رسالهٔ اول پطرس را بخوانید و به پرسش‌های زیر پاسخ دهید.

در این کتاب، چه چیزی در مورد عیسی آموختید؟

خداوند، در این کتاب، چه فرمانی برای اطاعت کردن به شما می‌دهد؟

در این کتاب، بر چه وعده‌ای می‌توانید تکیه کنید؟

فهرستی از مطالبی تهیه کنید که در این کتاب توجه شما را به خود جلب کرد. حقایق این کتاب، در رابطه با شرایط خاص شما، چه پیغامی به شما می‌دهد؟

- «مسیح» است (اعمال ۲:۳۶ و یوحنا ۷:۴۲).
- «نجات دهنده» است (لوقا ۲:۱۱).
- «آمرزش گناهان» و «رهائی» به ارمغان می‌آورد (اعمال ۱۳: ۳۸-۳۹).
- بر رنج دیدگان رحمت نمود و معجزات به ظهور رسانید (لوقا ۱۸: ۳۵-۴۳ و متی ۱۵: ۲۱-۲۸).
- «خداوندِ شبت» است (لوقا ۶: ۱-۵).
- «از مُردگان برخیرانیده شد» و «هرگز فساد را ندید» (اعمال ۱۳: ۳۶-۳۷ و دوم تیموتاوس ۲:۸).
- بر تخت «سلطنت داوود» می‌نشیند (لوقا ۱:۳۲).
- به «دستِ راستِ خدا بالا بُرده شد» (اعمال ۲:۳۳).
- «کلید ملکوت» را در دست دارد (مکاشفه ۳:۷).
- «غالب آمده است» (مکاشفه ۵:۵).

روز دوم: یک موقعیت افراطی

فیلیپیان ۱: ۹-۱۰ را بخوانید.

در اول سموئیل ما شاهد نمونه‌هایی از رفتار افراط آمیز بوده‌ایم. واکنشِ توهین‌آمیز نابال نسبت به درخواستِ منطقی داوود بسیار زننده و تحقیرآمیز بود. از سوی دیگر، داوود نیز، با بستن شمشیر به کمر و آماده ساختن خود برای گرفتن انتقام، واکنشی بسیار افراط آمیز از خود نشان داد.

هنگامی که با ما بد رفتاری می‌شود، غالباً ما هم افراطی عمل می‌کنیم. برخی اوقات واکنشِ افراط آمیز ما توأم با خشمی است که می‌توانند نتایج فاجعه آمیزی از خود بجا بگذارد. و البته گاهی هم به جای آنکه با مسائل بی پرده برخورد کنیم، سکوت اختیار کرده و اجازه می‌دهیم تا ریشهٔ تلخی و مرارت در ما رشد کند.

هنگامی که دیگران شما را آزرده می‌سازند، شما چه واکنشی نشان می‌دهید؟ از موارد زیر در مقابل هر موردی که واکنش عادی شما به آزردگی‌هاست، یک علامت × بزنید.

- ☐ فورانِ خشم
- ☐ اجتناب از بخشیدن
- ☐ مطرح کردن صادقانهٔ موضوع
- ☐ بخشیدن
- ☐ نادیده گرفتن مشکل
- ☐ کینه به دل گرفتن

واکنش ابیجایل افراط آمیز نبود. بنظر شما چه جنبه‌ای از واکنش ابیجایل قابل تحسین است؟

فیلیپیان ۱: ۹-۱۰ را با کلمات خود در زیر بنویسید.

در آیه‌هایی که در بالا نوشتید، مواردی را که پولس برای کلیسای فیلیپیان دعا می‌کند با کشیدن یک خط مشخص کنید. چرا پولس چنین چیزی برای فیلیپیان می‌طلبد؟ دلایل او را با کشیدن یک دایره مشخص کنید.

اگر شما در پی آن هستید که به مانند ابیجایل در روابط خود با دیگران حکمت داشته باشید، بسیار الزامی است که بطور مرتب این درخواست را به حضور خدا آورده و از او بخواهید تا زندگی شما را هدایت کند. شما نه می‌توانید بر عقل خود تکیه کنید، و نه می‌توانید بر اساس احساساتتان عمل نمائید. اما می‌توانید [و باید] بر اساس حقایق کلام خدا واکنش نشان دهید. در راستای هدایت‌های روح‌القدس، شما تشخیص خواهید داد که ارادهٔ او چیست و اینکه ارادهٔ او را چگونه و در چه زمانی باید انجام دهید. این الگو نه تنها شما را از گفتن سخنانی که ممکن است [در آینده] از گفتن آنها پشیمان شوید برحذر می‌دارد، بلکه شما را یاری خواهد داد تا وضعیت پیش آمده را تشنج زدایی و از روابط حفاظت کنید.

هنگامی که دیگران شما را آزُرده کردند، چگونه گوش دادن به هدایت‌های روح‌القدس شما را از واکنش‌های غیر حکیمانه حفظ کرد؟

امروز شما چه قدم‌هایی می‌توانید بردارید تا در آینده بتوانید بهتر به هدایت‌های روح‌القدس پاسخ مثبت بدهید؟

کنکاشی عمیق‌تر در کلام خدا

اول قرنتیان ۲: ۱۴-۱۶ را بخوانید. بر اساس تعلیم پولس، «انسان نفسانی» چه تفاوتی با «انسان روحانی» دارد؟

بنظر شما داشتن «فکر مسیح» به چه معنی است؟

بر اساس آنچه تا به این لحظه مطالعه کرده‌اید، چگونه می‌توان «داشتن فکر مسیح به هنگام رویارویی با افراد مشکل» را به تصویر کشید؟

روز سوم: یک واکنش مناسب

کولسیان ۳: ۱۲-۱۴ را بخوانید.

یکی از دلایلی که ثابت می‌کند نمونهٔ ابیجایل برای ما مفید می‌باشد این است که داستان ابیجایل یک داستان حقیقی است. داستان ابیجایل این انتظار واهی را در شما ایجاد نمی‌کند که اگر شما به مانند ابیجایل یک زن خداترس باشید، اشخاص شریر و نابال‌های موجود در زندگی شما فوراً توبه خواهند کرد. نابال هرگز توبه نکرد. او از پذیرش رحم و فیض خدا که در دسترس او قرار داده شده بود، خودداری کرد.

اگرچه سرکشی نابال از خدا [که در نهایت موجب مرگ او نیز شد] ابیجایل را رنجانیده بود،

اما ابیجایل می‌توانست با وجدانی آسوده سر خود را بر بالش گذارده و بخوابد زیرا او می‌دانست که او مسبب سرکشی شوهرش نبوده است. خودِ نابال مسئول تصمیماتش بود و خدا نیز مستقیماً با شخص نابال برخورد کرد.

بسیاری از روابط دچار مشکل می‌شوند زیرا ما در واکنش نشان دادن به نابال‌های زندگیمان مانند نابال عمل می‌کنیم. در رویارویی با شخصی که مانند یک نادان رفتار می‌کند، ما غالباً تصور می‌کنیم که ما هم باید مثل او عمل کنیم. اما متأسفانه در اینچنین موقعیتی کارهایی می‌کنیم و سخنانی بر زبان می‌آوریم که حاصل آن تنها و تنها پشیمانی است.

اینچنین اعمال نابخردانه، به جای ایجاد آرامش و صلح ، آشفتگی به بار می‌آورند. علاوه بر این، آن موقعیتی که در آن خدا می‌توانست ما را بکار گیرد تا قلب طرف مقابل را به سوی خود باز گرداند از دست می‌دهیم. ابیجایل وسیله‌ای شد تا رفتار داوود عوض شود. از آنجایی که داوود قلبی موافق قلب خدا داشت، حکمت و برخورد ابیجایل بر او مؤثر واقع شد. اما اگر ما شمشیر بدست گرفته و در پی انتقام باشیم، فرصتی را از دست می‌دهیم که شاید خدا فراهم کرده بود تا ما برای توبهٔ یک انسان بکار گرفته شویم.

غالباً به هنگام رویاروئی با اشخاص بدقلق و بدخو، تصور می‌کنیم که در چنین شرایطی ما باید عکس‌العملِ فوری نشان دهیم، با شرایط موجود بلافاصله مقابله کنیم، و کاری انجام دهیم. اما روش دیگر برخورد با اینگونه شرایط دشوار این است که دورنمای وسیع‌تری را در نظر داشته باشیم؛ یعنی درک این واقعیت که زندگی ما همچون بقچهٔ حیات در دست خداوند است و او نتیجهٔ کار را تحت کنترلِ مطلقِ خود دارد.

زمانی که احساساتمان درگیر می‌شوند، دیگران را ظالم و خود را تحت ظلم می‌بینیم. این برداشت درونی، ما را وادار می‌کند تا هر آنچه در توان داریم انجام دهیم تا آن ظالم بفهمد که در اشتباه است. **شاید ابتدا بنظر رسد که ما برنده شده‌ایم، اما واقعیت این است که جنگ اصلی را باخته‌ایم ... ما در این مسیر، آرامشِ جانِ خود را از دست داده‌ایم!** اگر بطور روزانه در کلام خدا باشیم و بگذاریم روح‌القدس سخنان زبان ما را کنترل و هدایت کند، ما در واقع نشان داده‌ایم که مایلیم خدا اهداف خود را در زندگی ما و در زندگی شخص مقابل

به انجام رساند.

آیا بین شما و دیگران مورد حل نشده‌ای وجود دارد؟ توضیح دهید. آیا تصمیمات نابخردانهٔ آنها باعث شده‌اند تا شما تلخی و عدم بخشش را در خود پرورش دهید؟

کولسیان ۳: ۱۲-۱۴ چگونه با وضعیتی که در بالا توضیح دادید مرتبط است؟

در واکنش نسبت به شرایطی که مطرح کردید، شما چه قدمهایی باید بردارید؟ (آن را مشخص کنید.)

- ☐ با شبان یا یکی از رهبران کلیسا مشورت کنید.
- ☐ آزُردگی خود را با شخصِ درست، در وقتِ درست، و با لحنِ درست در میان بگذارید.
- ☐ گذشت کنید. از پرداختن به مسائل جزئی صرف نظر کنید.
- ☐ تصمیم بگیرید تا شخص خاطی را ببخشید و پروسهٔ شفا از آزُردگی و تلخی را شروع کنید.

کنکاشی عمیق‌تر در کلام خدا

اول پطرس ۴: ۱-۶ را بخوانید.

شما بخاطر انتخاب نیکویی، با چه سختی‌هایی مواجه شدید؟ آیهٔ ۵ چگونه در این رابطه به شما امید می‌دهد؟

افسسیان ۲:۱ به ما می‌گوید که ما زمانی مُرده بودیم. انجیل چگونه به شما موعظه شد؟

در بیـن افـراد شـرور و بدقلـق موجـود در زندگـی شـما، کدامیـک از آنهـا هنـوز «مُـرده» و نیازمنـد بـه شـنیدن خبـر خـوش انجیـل هسـتند؟ شـما چگونـه بـا زندگـی خـود می‌توانیـد خبـر خـوش انجیـل را بـه ایـن افـراد بشـنوانید؟

روز چهارم: راه رُشدِ کردن ما

اول پطرس ۴: ۱۲-۱۳ را بخوانید.

اگرچـه درد کشـیدن بـرای مـا دلپذیـر نیسـت، امـا معمـولاً تحمـل رنـج و درد لازمـهٔ رشـد کـردن ماسـت. نگاهـی بـه گذشـتهٔ خـود بـه مـا نشـان می‌دهـد کـه شـرایطی کـه غالبـاً باعـث رشـد روحانـی مـا شـده‌اند، اوقاتـی بوده‌انـد کـه مـا مجبـور بـه عبـور از مشـکلات و تجربیـات دشـوار شـده‌ایم. خـدا معمـولاً از فرآینـد درد و رنـج اسـتفاده می‌کنـد تـا مـا را شـبیه خـود کنـد. او در حاکمیـت مطلـق خـود، حتـی بـدی و شـرارتی کـه دیگـران نسـبت بـه مـا مرتکـب می‌شـوند را بـه عنـوان یـک وسـیله بـکار می‌گیـرد تـا زندگـی مـا را تقدیـس کنـد.

خـدا چـه شـرایط دردآوری را در زندگـی شـما بـکار بـرده اسـت تـا شـما را بـه خـود نزدیکتر سـاخته و رشـد دهـد؟

کلماتی را که کتاب‌مقدس برای توصیف شخصیت نابال استفاده می‌کند به یاد آورید؟ (اول سموئیل ۲۵:۳).

کلام خدا از چه کلماتی برای توصیف شخصیت ابیجایل استفاده می‌کند؟

تعجب آور است که ابیجایل توانست در طول زندگی زناشویی خود با این مرد تندخو و بد رفتار دوام آورَد. ولی حقیقتی که باید به آن توجه داشت این است: **نمی‌توان ادعا کرد که: «ابیجایل علیرغمِ بد اخلاقی شوهرش، زنی زیبا و فهمیده بود.» بلکه باید گفت: «زیبایی و فهمیده بودن ابیجایل بخاطر رابطه و برخورد او با شوهر نادانش بود.»** آیا شرایط دشوار زندگی‌اش [با نابال] او را واداشته بود تا حکمت خدا را بطلبد ... و در این فرآیند، تبدیل به زنی حکیم و خداترس گردد؟

هرچند که کلام خدا صریحاً به این موضوع اشاره نمی‌کند، اما این را می‌دانیم که بدون درد و رنج، ما نمی‌توانیم شبیه مسیح شویم. خدا حتی مسیح را «از راه تحمل رنج، کامل گردانید» (عبرانیان ۲:۱۰). **انسان بودنِ ما می‌طلبد که بدون عبور از فرآیند درد و رنج، به جلال رسیده و شبیه مسیح شویم. اما پروسه [رسیدن به جلال و شبیه مسیح شدن] صلیب است.** نابالِ زندگیِ شما صلیبِ شماست.

بدون عبور از نوعی از درد و رنج، شما شبیه مسیح نخواهید شد. برای رسیدن به بلوغ روحانی راه میان بُری وجود ندارد. غالباً برای رُشد کردن، تحمل درد و رنج از ضروریات است.

آیه‌های زیر را بخوانید و زیر کلمات و عباراتی که به موضوع رنج اشاره می‌کنند خط بکشید.

> «[مسیح] هرچند پسر بود، با رنجی که کشید اطاعت را آموخت. و چون کامل شد، همهٔ آنان را که از او اطاعت می‌کنند، منشأ نجات ابدی گشت.» (عبرانیان ۵: ۸-۹)

«اما اگر به سبب کار خلاف تنبیه شوید و تحمل کنید، چه جای فخر است؟ حال آنکه اگر نیکویی کنید و در عوض رنج ببینید و تحمل کنید، نزدِ خدا پسندیده است. چه، برای همین فرا خوانده شده‌اید، زیرا مسیح برای شما رنج کشید و سرمشقی گذاشت تا بر آثار قدمهای وی پا نهید.» (اول پطرس ۲: ۲۰-۲۱)

«ای عزیزان، از این آتشی که برای آزمودن شما در میانتان برپاست، در شگفت مباشید، که گویی چیزی غریب بر شما گذشته است. بلکه شاد باشید از اینکه در رنجهای مسیح سهیم می‌شوید، تا به هنگامِ ظهورِ جلال او به غایت شادمان گردید.» (اول پطرس ۴: ۱۲-۱۳)

«نه تنها این، بلکه در سختی‌ها نیز فخر می‌کنیم، زیرا می‌دانیم که سختی‌ها بُردباری به بار می‌آورد، و بُردباری شخصیت را می‌سازد، و شخصیت سبب امید می‌گردد.» (رومیان ۵: ۳-۴)

درد و رنج چگونه به شما فرصت می‌دهد تا شبیه مسیح شوید؟

در بین چهار فصل سال، زمستان فصلی است که کمترین محبوبیت را نزد آدمیان دارد. در زمستان تقریباً همه چیز سرد و تاریک است ... طبیعت بی رنگ است و علایم حیات به ندرت دیده می‌شوند. همه چیز مُرده بنظر می‌رسد.

اما به محض اینکه اولین علایم فصل بهار ظاهر می‌شوند، ما شادی می‌کنیم. درختان جوانه می‌زنند و گُل‌ها شکوفه می‌کنند ... پرندگان بار دیگر ظاهر می‌شوند تا با نغمهٔ خود آسمانِ ما را پُر کنند ... نمایِ مرگ‌آورِ زمستان جای خود را به حیاتی نو می‌دهد!

ابیجایل از درون پروسه‌ای عبور کرد که زندگی کردن در یک دنیای دشوار [به همراه یک ازدواج سخت] را به او آموخت. گذر از این پروسه از او زنی خداگونه ساخت که ما امروز، پس از گذر هزاران سال، هنوز دربارهٔ او صحبت می‌کنیم.

موقعیت زندگی شما هر چه که باشد ... چه خود را در حال دست و پنجه نرم کردن با شرایطی سخت ببینید و چه در رویارویی با شخصی باشید که با رفتار نابال وار خود عرصه را بر شما تنگ کرده است، بیاد داشته باشید که خدا درون این شرایط برای شما نقشه و هدفی خاص دارد. او می‌خواهد موقعیت سخت زندگی شما را بکار گیرد تا شما را به زنی حکیم و فهمیده تبدیل کند. پس بگذارید که او کار خود را در شما به کمال برساند.

از صلیب [صلیبی که در پیش رو دارید] فرار نکنید. نسبت به آن از خود مقاومت نشان ندهید. از وجود آن [در زندگیتان] رنجیده خاطر نشوید. بر عکس، صلیبِ خود را با آغوش باز بپذیرید. زیرا که در فرآیند حمل این صلیب است که خدا می‌تواند شما را شبیه ابیجایل کند، و در نهایت، به شباهت پسر خود در آورد.

کنکاشی عمیق‌تر در کلام خدا

اول پطرس ۴: ۷-۱۱ را بخوانید.

این آیه‌ها در برگیرندهٔ لیست دیگری از فعلهای دستوری می‌باشد. پُر کردنِ فرم زیر شما را در عملی کردن این دستورات [در موقعیتِ خاصِ شخصِ شما] کمک خواهد کرد.

اطاعت کردن به وسیلهٔ	نسبت به چه کسی؟	با انجام چه چیزی
داشتن واکنشی مملو از خویشتن داری		
داشتن محبتی خالصانه		
مهمان نوازی کردن		
خدمت کردن از طریق بکارگیری عطایا		
گفتن حقیقت		

بر اساس آیه‌های ۱۰-۱۱ خدا با دادن چه چیزی شما را قادر به اطاعت کردن از این دستورات می‌کند؟

در این بخش از کلام خدا دلیلی برای اطاعت کردن از همهٔ دستورات آن مطرح شده است. آن دلیل چیست؟

روز پنجم: زندگی جدید

مکاشفه ۲۱: ۱-۶ را بخوانید.

مکاشفه ۲۱ چه تصویری از زندگی جدیدی که از درون مرگ بیرون آمده ارائه می‌دهد؟

این تصویر چگونه شما را در جریانات خاص زندگیتان امید می‌بخشد؟

آیا وضعیتِ حالِ حاضر شما شبیه فصل زمستان است؟ آیا در افقی که پیش رو دارید، علایمی از زندگی جدید به چشم می‌خورد؟ اگر خبری نیست، از خدا بطلبید تا رسیدن فصل بهار [که در راه است] شما را یاری دهد تا این زمستانِ سخت را با تحمل پشت سر گذارید.

چه راههایی وجود دارد که می‌توانید در وضعیتِ فعلیِ خود از صلیب خود استقبال کرده و آن را بهتر حمل کنید؟

کنکاشی عمیق‌تر در کلام خدا

اول پطرس ۴: ۱۲-۱۹ را بخوانید.

آیا در آزمایشات و تجربیاتی که در حال حاضر با آنها مواجه هستید، موردی وجود دارد که شما را غافلگیر کرده باشد؟ (آیهٔ ۱۲) توضیح دهید. با چه روشی می‌توانید این غافلگیر شدن را در عمل به شادی تبدیل کنید؟ (آیهٔ ۱۳) اگر هیچ راه عملی به ذهنتان خطور نمی‌کند، در دعا از خدا بخواهید شما را هدایت کند تا شادی کردن عنصر جدایی ناپذیر زندگی شما باشد.

ملاحظه کنید: آیا شما تا بحال بخاطر بدی کردن متحمل عواقب تلخ آن شده‌اید؟ آیا بابت آن عملِ بد احساس شرم کردید؟ زمانی که افرادِ بدقلق [امروز و یا در گذشته] بطور ناعادلانه باعث رنجش شما می‌شوند، آیا شما از این موضوع احساس شرم می‌کنید؟ خدا شما را می‌خواند تا بجای شرمگین شدن از وقایع زندگیتان، او را در وسط این جریانات با اطاعت و اعتماد جلال دهید. نقشی را که شرم در آزُردگی شما ایفا کرده است، در زیر

بنویسـید. سـپس آن را در دعـا بـه زیـر پایهـای خداونـد بیندازیـد.

_____

_____

_____

_____

آیهٔ ۱۹ بـه مـا یـادآوری میکنـد کـه خـدای مـا خالقـی امیـن و وفـادار اسـت. او امانـت و وفـاداری خـود را چگونـه در شـرایط دشـوار زندگیتـان و در طـول ایـن مطالعـه بـه شـما نشـان داده اسـت؟ شـما چگونـه میتوانیـد جـان خـود را بـه ایـن خالـق امیـن بسـپارید و بـه پیشـروی ادامـه دهیـد؟

_____

_____

_____

_____

خداونـدا، تـو را بـرای همـه مـواردی کـه بـه وسـیله ابیجایـل بـه مـن آموختـی سپاسـگزارم. مـرا یـاری کـن تـا آنچـه را کـه در خـلال ایـن شـش هفتـه آموختـم، در برخـوردم بـا اشـخاص بدقلـق و دشـوار زندگـیام بـه مرحلـه اجـرا بگـذارم. از مـن زنـی حکیـم و فهمیـده بسـاز کـه قـادر اسـت دیگـران را بـا سـخنان و زندگـی نمونـهٔ خـود بـه سـوی تـو جـذب نمایـد. مـرا بیامـوز کـه در شـرایط دشـوار بـه تـو توکل کنـم. باشـد تـا صلیـب خـود را [کـه تـو برایـم فراهـم کـردهای] بـا خوشـی بپذیـرم؛ صلیبـی کـه تـو بوسـیلهٔ آن مـرا بـه شـباهت پسـر خـود عیسـای مسـیح در مـیآوری.

تبادل افکار در گروه‌های کوچک
پرسش‌ها

هفتهٔ اول

- موقعیتی را در زندگی خود بخاطر آورید که اجازه دادید افراد بدقلق و یا شرایط دشوار بهانه‌ای برای رفتار اشتباه شما باشند؟ تمرکز بر شخصیت خدا و به یاد آوردن وعده‌های او چگونه می‌توانست شما را در این زمینه یاری دهد؟

- هرچند که ثروت و زیبایی ذاتاً و به خودی خود بد نیستند، اما اگر جایگاه برجسته‌ای در زندگی شما اشغال کنند، زندگی شما را با خطراتی جدی تهدید خواهند کرد؟ به بعضی از این خطرات اشاره کنید.

- به آسانی می‌توان این بخش از کلام خدا را مطالعه کرد و به این نتیجهٔ اخلاقی رسید که: «مثل نابال نباش» ... «مثل ابیجایل باش.» اما باید بدانیم که ابیجایل قهرمان اصلی این داستان نیست ... مسیح قهرمانِ داستان است. شما مسیح را در کدام بخش از اعمال یا سخنان ابیجایل می‌توانید ببینید؟ مشاهدهٔ فیضِ خدا که در زندگی ابیجایل و از طریق او در حال عمل بود، چگونه شما را در برخورد با افراد بدقلق و دشوار زندگیتان امیدوار می‌کند؟

تبادل افکار در گروه‌های کوچک
پرسش‌ها

هفتهٔ دوم

- هنگامی که خدا ما را به گناهی مجاب می‌کند، چگونه می‌توانیم تشخیص دهیم که آیا برخورد ما با آن موضوع ریشه‌ای است یا سطحی؟ کلام خدا چگونه «تغییر سطحی رفتار» را با «پاکسازی عمیق قلبی» به مقایسه می‌کشد؟ (به متی ۲۳: ۲۵-۲۸؛ لوقا ۱۸: ۹-۱۴؛ متی ۱۵: ۱-۲۰؛ یوحنا ۱۵: ۴-۵ مراجعه کنید.)

- در مطالعهٔ این هفته ما شاهد چندین نمونه از رفتارهای عجولانه، نسنجیده، و خارج از کنترل بودیم. کلام خدا در برخورد با شرایطی که در آن یک یا چند نفر رفتاری نابخردانه از خود نشان می‌دهند، چه راهکاری ارائه می‌دهد؟ (اگر لازم می‌بینید، افسسیان ۴: ۳۱-۳۲ را بخوانید.)

- آیا موقعیتی را بخاطر می‌آورید که به خاطر اعتماد به درک و فهم انسانی خود، خودتان را در وضعیتی پر مخاطره انداخته باشید؟ چه نتایجی حاصل شد؟ از چه طریقی اجتناب از این عواقب ممکن می‌بود؟ به هنگام رویارویی با نابال‌های زندگی خود چه راههای عملی به فکر شما می‌رسد تا «اصلِ ایستِ قبل از هر واکنش» را بیشتر به مرحلهٔ اجرا بگذارید؟ (به روز دوم از هفتهٔ دوم مراجعه کنید.)

- واکنش مسیح در رویارویی با افراد بدقلق و دشوار چه درسهایی به شما می‌آموزد؟ عیسی چگونه به بی‌عدالتی، خشم، و خیانت واکنش نشان داد؟

تبادل افکار در گروه‌های کوچک
پرسش‌ها

هفتهٔ سوم

- واکنش شما نسبت به بحرانهای زندگی چیست؟ آیا ترسیده‌اید؟ آیا منفعل و فلج شده‌اید؟ آیا فوری از کوره به در رفته‌اید؟ آیا با حکمت و تشخیص عمل کرده‌اید؟ چرا [و چگونه] واکنش ابیجایل ارزش آن را دارد که مورد مطالعه قرار گرفته و به عنوان یک الگوی خوب پیروی شود؟

- آیا حکمت همان شعور [عقل سلیم] است؟ چرا بله؟ چرا خیر؟

- بر اساس کلام خدا، ما چگونه می‌توانیم حکمت بدست آوریم؟ (به یعقوب ۱:۵؛ ایوب ۱۲:۱۳ و ۲۸:۲۸ ؛ مزمور ۱۱۱:۱۰ و امثال سلیمان ۲: ۶-۷ مراجعه کنید.)

- شما موضوع اطاعت و سرسپردگی را چگونه تعریف کردید؟ آیا بنظر شما اعمال ابیجایل نشانگر اطاعت و سرسپردگی او بود؟ چرا بله؟ چرا خیر؟

- آیا شما شاهد عملکرد خدا در زندگی خود بوده‌اید؟ مثلاً ... در جریان نجات پیدا کردنتان؟ یا بواسطهٔ برکت و یا معجزه‌ای که در زندگی خود تجربه کردید؟ و یا در دل شرایط دشوار زندگیتان؟

تبادل افکار در گروه‌های کوچک
پرسش‌ها

هفتهٔ چهارم

- بنظر شما چرا به جای انتظار کشیدن برای خدا، برای ما آسانتر است که خودمان زمام امور را بدست گرفته [و کاری انجام دهیم]؟

- شما نمی‌توانید دیگران را تحت کنترل درآورید، اما شما می‌توانید خودتان را کنترل کنید. آیا موردی را به یاد دارید که با بکارگیری حکمت و صبر، موقعیت پر از تشنجی را آرام کرده باشید؟ در اینچنین موقعیتی، آیا توانستید کاری را که خدا هم در شما و هم در شخص مقابل انجام داد ببینید؟

- شما چگونه با کسانی که خواهان برقرار کردن آشتی نیستند، در صلح زندگی می‌کنید؟ در رویارویی با روابطِ چالش برانگیز، چه جنبه‌هایی از شخصیت خدا به شما حکمت و تسلی می‌بخشند؟

- هنگامی که رفتار مردم با شما ناعادلانه است، چگونه نمونهٔ مسیح، نجات دهندهٔ ما، بر نحوهٔ واکنش شما تأثیر می‌گذارد؟ در شرایط دشواری که پیش رو دارید، چگونه الگوی مسیح به شما امید می‌بخشد؟

تبادل افکار در گروه‌های کوچک
پرسش‌ها

هفتهٔ پنجم

- کدامیک از وعده‌های خدا شما را اطمینان بخشیده و در غلبه بر وسوسه‌ها یاری کرده‌اند؟

- هنگامی که شما دچار شک و تردید شده و نقشه‌ها و زمان بندی خدا را به زیر سوال کشیده‌اید، کلام خدا چه نگرشی ارائه می‌دهد؟

- زمانی که به ظاهر دعاهای شما بی‌جواب می‌مانند، چه حقایقی را درباره خدا می‌دانید که همچنان درست [و قابل اطمینان] هستند؟

تبادل افکار در گروه‌های کوچک
پرسش‌ها

هفتهٔ ششم

- چگونـه مـا می‌توانیـم مطمئـن باشـیم کـه در راسـتای هدایت‌هـای روح‌القـدس پیـش می‌رویـم؟ کلام خـدا چـه حقایقـی دربـارهٔ «پر شـدن از روح‌القـدس» می‌آمـوزد؟ (بـه رومیـان ۸: ۱-۲۲؛ غلاطیـان ۵: ۱۶-۲۶ و افسسـیان ۵: ۱-۲۱ مراجعـه کنیـد.)

- چگونـه بخشـیدنِ دیگـران و آزاد شـدن از تلخـی می‌توانـد شـما را در تشـنج زدایـیِ شـرایط بحرانـی کمـک کنـد؟ چـرا تلخـی بـه دل گرفتـن نـه تنهـا بـه شـخص خاطـی زیـان می‌رسـاند، بلکـه بـرای کسـی کـه بـدی دیـده اسـت نیـز زیـان‌آور اسـت؟

- خـدا چگونـه از درد و رنـج اسـتفاده کـرده اسـت تـا مـا را تبدیـل داده و بـه شـباهت خـود در آورد؟ آیـا دانسـتن ایـن حقیقـت کـه مسـیح نیـز متحمـل درد و رنـج شـد، شـما را امیـدوار می‌کنـد؟ چـرا بلـه؟ چـرا خیـر؟

- در طـول ایـن مطالعـه چـه چیـزی در ابیجایـل بیـش از همـه توجـه شـما را بـه خـود جلـب کـرد؟ چـه چیـزی در داوود؟ چـه چیـزی در نابـال؟ در ایـن مطالعـه چـه حقایقـی دربـارهٔ خـدا یـاد گرفتیـد؟ در چـه زمینـه‌ای محبـت شـما نسـبت بـه او رشـد کـرد؟

تفكـر ... تأمُـل ... بازتـاب

تفكــر ... تأمُـل ... بازتـاب

تفكــر ... تأمُـل ... بازتـاب

تفكـر ... تأمُـل ... باز تاب